1日1分！英字新聞
政治・経済・社会編

石田 健

祥伝社黄金文庫

まえがき

～「1日1分！英字新聞」シリーズ初の試みに挑戦！～

こんにちは。石田健です。

拙著「1日1分！英字新聞」シリーズは、平日に毎日配信しているメールマガジン「毎日1分！英字新聞」の書籍版です。お陰様で2003年刊行の第1作から最新の2025年版まで、20年以上にわたるロングランのシリーズとなり、読者の皆様より高く評価していただいております。

2003年に本シリーズが初めてこの世に登場した時、その後まさか20年以上にわたって、メルマガ配信および出版が続けられているなんて予想さえしておりませんでした。また、これだけ長い歳月にわたってシリーズ化されている英語教材もおそらく珍しく、「親子3代でお世話になっている」といったうれしいメッセージもいただいております。

ところでこのシリーズに関しては、実は刊行をお休みしていた期間がございました。このうち、2017年から2021年の5年間に起きた重要な出来事を振り返ってみますと……

・17年1月：米国でトランプ政権発足→保護主義化が進む
・19年10月：日本の消費税が10％に引き上げ
・19年12月：中国・武漢で原因不明の肺炎が発生→COVID-19と判明
・20年3月：WHOがパンデミックを宣言。欧米で感染爆発、各国がロ

ックダウン
・21年1月:バイデン政権が発足→民主党政権が復活
・21年2月:日本でワクチン接種開始
・21年後半:ワクチン普及が進むも変異株が流行
・21年2月:日経平均株価が30年ぶりに3万円を突破

　これだけ重要なニュースがぎっしりと詰まった期間の記事を、書籍化できないものかと検討しておりました。そしてこの度、政治・経済・社会分野に限定して、英語学習について価値のある記事120本を厳選し、読みやすくまとめ、お届けすることになりました。

　ニュースジャンルごとに繰り返し出てくる表現を覚えやすくするため、3つの分野別に時系列でまとめています。これは本シリーズ初の試みです。

　これからの日本は、どちらへ転ぶか分かりません。
　南海トラフ地震、財政破綻、社会保険制度の崩壊など、どんな事態が近い未来に待ち受けているのかは予測できません。
　しかし、そうした不確実な時代だからこそ、人生の選択肢を増やすことが重要です。英語を学び、世界共通語である英語を使って外国人とコミュニケーションをとることができるのは、まさにその選択肢をひとつ増やすことにつながります。

　現在、日本は歴史的な円安を迎え、海外からの投資が活発になっています。かつては日本企業が海外へ進出する時代でしたが、今は世界の企業や人材が日本に集まる時代へと変わりました。街を歩けば、多くのインバウンド旅行者の姿が見られますし、企業の国際化も加速しています。

英語力は、予測不能なこの社会を生き抜くための強力な武器となるのです。

　本書はどこから読んでも良いように、見開き2ページで完結しています。トランプをシャッフルするようにパラパラとめくって、偶然止まったページを読んでみましょう。そして、できたら頭の中でネイティブになりきって文章を読み上げてみてください。これを繰り返していくと、不思議とCNNなどのニュース英語が聞き取れるようになっていることでしょう。

　英語力を伸ばすには、毎日、少しでも英語に触れることが必要です。常に本書をカバンに入れて持ち歩き、すこしでも空き時間ができたら取り出して読んでみてください。

　駅で電車を待つ時。
　友達と待ち合わせている時。
　夜寝る前に、1ページ……。

　毎日これを繰り返して、本書を何度も読んでいただければ、1年で信じられないくらい英語力が伸びていることを実感できるでしょう！

2025年3月
石田　健

Contents

まえがき 3
この本の使い方 8

POLITICS
2017〜2021年のニュース　　10
政治編

Column 1、2　政治ニュースのあれこれ　　54, 96

ECONOMY
2017〜2021年のニュース　　98
経済編

Column 3、4　経済ニュースのあれこれ　　142, 184

SOCIETY
2017〜2021年のニュース 186
社会編

Column 5、6 社会ニュースのあれこれ　　230, 272

INDEX　274

全ての英文がスマホ・パソコンから無料で聴けます　287

編集協力／ギャンツ倖起恵　ブックデザイン／100mm design

【編集部註】記事中における外国通貨の日本円は、
記事当日の為替レートを元にしております。
肩書や数値なども記事掲載時のものです。

この本の使い方

英文
メールマガジン「毎日1分!英字新聞」2017年から2021年までの記事から、厳選した120本を掲載しています。今回は政治、経済、社会の3ジャンルから収録。短い英文ばかりなので、飽きずに読み進められます。

14-15　May 17, 2017

Report: Trump Revealed Secret Info to Russia

US President Donald Trump provided highly classified information about Islamic State to the Russian foreign minister and ambassador to the US in a White House meeting last week, US media reported.

May

CHECK!
記事の中の重要語彙や時事英単語を紹介しています。覚えた単語は□欄でチェックしましょう。巻末のINDEXもご利用ください。

CHECK! ▶

- [ ] **reveal secret info** … 機密情報を漏らす
- [ ] **provide A to B** … AをBに提供する
- [ ] **highly classified information** … 極秘情報
- [ ] **Islamic State** … 「イスラム国」
- [ ] **foreign minister** … 外相
- [ ] **ambassador** [æmbǽsədər] … 大使

≡ 訳出のポイント

- ambassador は「大使」。ambassador to 〜で「〜への大使」→「駐〜大使」という言い方になります。〜の部分には国名が入ります。ここでは ambassador to the US なので「駐米大使」ということです。
- 情報源である政府高官によると、その機密情報は、IS掃討作戦に関わるパートナー国から機密情報のネットワークを通じて米国が受け取ったものだといいます。こうした場合、情報を第三国に提供する際には、米国はパートナー国の了承をあらかじめ...れています。

訳出のポイント
英文の大事な文法事項や和訳のヒントを、わかりやすく解説しています。

対訳
記事を読みやすい日本語に翻訳しています。

政治

≡　　　　　　対訳

「報道：トランプ大統領、ロシアに機密情報を漏らす」

ドナルド・トランプ米大統領が、ホワイトハウスで先週行われた会談で、ロシア外相と駐米大使にイスラム国に関する極秘情報を提供したという。米メディアが報じた。
2017年5月17日

今日のポイント

2通りの表現ができる「機密情報」

タイトルの info は information の略で「情報」ですね。secret info だと「秘密の情報」→「機密情報」になります。reveal は（知られていないことを）「明らかにする、示す」という動詞。秘密などを「漏らす」というニュアンスでもよく使われる語となっています。そこで、reveal secret info は「機密情報を漏らす」ということです。
また、本文で使われている classified。こちらは、もともとは「分類された」という形容詞です。ここから、文書などが「機密に分類された」→「機密の」「機密扱いの」という意味になっています。したがって classified information は、前述の secret info (=information) と同義で「機密情報」という意味に、highly が「高度に」「非常に」といった意味で、highly classified information で「高度に機密扱いの情報」というわけです。

今日のポイント
英字新聞頻出の時事英単語やわかりにくい文法事項など、英語学習の観点から特に大事なところを解説しています。ここを読むだけでも、英語力がアップします。

2017〜2021年のニュース
政治編

NEWS 2017-2021
POLITICS

2017/5/17	**Report : Trump Revealed Secret Info to Russia** 報道:トランプ大統領、ロシアに機密情報を漏らす	
2017/5/18	**Japan's Princess Mako Set to be Engaged** 眞子さまがご婚約へ	
2017/6/21	**'Tsukiji Market to be Redeveloped after Relocation' : Tokyo Gov.** 東京都知事:築地は移転後に再開発	
2017/8/1	**President Putin Expels 755 US Diplomats from Russia** プーチン露大統領、米外交官755人を国外退去に	

2017/9/29	**Tokyo Governor Yuriko Koike Forms 'Party of Hope'** 小池百合子東京都知事、「希望の党」を結成
2017/11/6	**Trump Makes First Visit to Japan, Kicking off Asian Tour** トランプ米大統領が初来日、アジア歴訪開始
2017/11/29	**Prince Harry Gets Engaged to Meghan Markle** ヘンリー王子、メーガン・マークルさんと婚約
2017/12/1	**US Urges All Nations to Cut Ties with North Korea at UN Security Council** 国連安保理:米、全加盟国に北朝鮮との断交要請
2017/12/8	**Trump Recognizes Jerusalem as Israel's Capital** トランプ大統領、エルサレムをイスラエルの首都に認定
2017/12/11	**Iraq Declares Complete Victory over IS** イラク、IS に対する完全勝利を宣言
2018/3/12	**China Abolishes Presidential Term Limits** 中国、国家主席の任期制限を撤廃
2018/3/20	**Russian Presidential Election: Putin Wins by Wide Margin** ロシア大統領選、プーチン氏が圧勝
2018/4/19	**Trump and Abe Kick off Talks** トランプ大統領と安倍首相、会談幕開け
2018/6/13	**Trump-Kim Summit: North Korea to Work towards 'Complete Denuclearization'** 米朝サミット:北朝鮮は「完全非核化」目指す
2018/6/14	**Japan's Diet Approves Lowering Age of Adulthood to 18** 日本、国会が成人年齢18歳に引き下げを承認
2018/7/20	**EU and Japan Sign EPA** EU と日本、経済連携協定に調印

2018/10/24	**Japan to End ODA for China** 日本、中国へのODA終了へ	
2018/10/31	**Angela Merkel to step down as German Chancellor in 2021** アンゲラ・メルケル独首相、2021年に首相退任へ	
2018/12/27	**Japan to Leave IWC** 日本、IWC 脱退へ	
2019/1/24	**Abe and Putin Meet in Moscow** 安倍首相とプーチン大統領、モスクワで会談	
2019/4/1	**Japan Reveals Name of New Era, 'Reiwa'** 日本、新しい元号「令和」を発表	
2019/4/2	**Slovakia Elects First Female President** スロバキア、初の女性大統領を選出	
2019/4/26	**Putin and Kim Jong-un Meet for First Time** プーチン氏と金正恩氏が初会談	
2019/6/12	**Kim Jong-nam 'Was a CIA Informant'** 金正男氏は「CIA情報提供者だった」	
2019/7/1	**Trump Meets Kim Jong-un at DMZ, Steps Inside North Korea** トランプ大統領がDMZで金正恩氏と会見、 北側に足を踏み入れる	
2019/8/6	**Japan Removes South Korea from Its "White List"** 日本、韓国を「ホワイト国」から除外	
2019/10/23	**Japan's Emperor Proclaimes Enthronement** 日本、天皇陛下が即位を宣明	
2019/12/23	**Trump Officially Creates US Space Force** トランプ氏、米「宇宙軍」を正式に発足	

2020/7/2	**Japan Introduces Mandatory Plastic Shopping Bag Charges** 日本、レジ袋有料化義務づけを導入
2020/7/7	**Koike Re-elected as Tokyo Governor** 小池氏が再選、東京都知事選
2020/8/31	**Japanese PM Shinzo Abe Announces His Resignation** 日本の安倍晋三首相、辞意を表明
2020/9/16	**Suga Wins LDP Election to Become Japan's New PM** 自民党総裁選で菅氏が勝利、新首相に
2020/10/2	**Japan to Offer Free COVID-19 Vaccinations to All Citizens** 日本、新型コロナワクチン接種無料提供へ
2020/11/9	**US Election: Biden Declares Victory** 米大統領選：バイデン氏が勝利宣言
2020/12/1	**Japan's Crown Prince 'Approves' Daughter Princess Mako's Marriage** 秋篠宮さま、眞子さま結婚「認める」
2020/12/23	**Joe Biden Receives Covid-19 Vaccine Live on TV** ジョー・バイデン氏がコロナ・ワクチン接種、TV生放送で
2021/4/13	**Prince Philip, Husband of Queen Elizabeth II, Is Dead at 99** エリザベス女王の夫・フィリップ殿下が死去、99歳
2021/6/1	**China to Allow Families to Have Three Children** 中国、1世帯あたり子ども3人を容認へ
2021/10/1	**Fumio Kishida to Become Japan's next PM after Winning LDP Leadership Vote** 自民総裁選で岸田氏が勝利、次期首相へ
2021/12/7	**Japan's Princess Aiko Celebrates Coming of Age Ceremonies** 日本の愛子内親王、成年行事に臨まれる

Report: Trump Revealed Secret Info to Russia

US President Donald Trump provided highly classified information about Islamic State to the Russian foreign minister and ambassador to the US in a White House meeting last week, US media reported.

May 17, 2017

CHECK!

- [ ] **reveal secret info** … 機密情報を漏らす
- [ ] **provide A to B** … A を B に提供する
- [ ] **highly classified information** … 極秘情報
- [ ] **Islamic State** … 「イスラム国」
- [ ] **foreign minister** … 外相
- [ ] **ambassador** [æmbǽsədər] … 大使

訳出のポイント

- ambassador は「大使」。ambassador to ~で「~への大使」→「駐~大使」という言い方になります。~の部分には国名が入ります。ここでは ambassador to the US なので「駐米大使」ということです。
- 情報源である政府高官によると、その機密情報は、IS 掃討作戦に関わるパートナー国から機密情報のネットワークを通じて米国が受け取ったものだといいます。こうした場合、情報を第三国に提供する際には、米国はパートナー国の了承をあらかじめ得る必要があるとされています。

政治

≡　　　　　　　　対訳

「報道:トランプ大統領、ロシアに機密情報を漏らす」

ドナルド・トランプ米大統領が、ホワイトハウスで先週行われた会談で、ロシア外相と駐米大使にイスラム国に関する極秘情報を提供したという。米メディアが報じた。

2017年5月17日

今日のポイント

2通りの表現ができる「機密情報」

タイトルのinfoはinformationの略で「情報」ですね。secret infoだと「秘密の情報」→「機密情報」になります。revealは(知られていないことを)「明らかにする、示す」という動詞。秘密などを「漏らす」というニュアンスでもよく使われる語となっています。そこで、reveal secret infoは「機密情報を漏らす」ということです。

また、本文で使われているclassified。こちらは、もともとは「分類された」という形容詞です。ここから、文書などが「機密に分類された」→「機密の」「機密扱いの」という意味になっています。したがってclassified informationは、前述の secret info (=information) と同義で「機密情報」ということです。そして、highlyが「高度に」「非常に」という副詞なので、highly classified informationで「高度に機密の情報」→「極秘情報」というわけです。

Japan's Princess Mako Set to be Engaged

Japan's Princess Mako, a granddaughter of the Emperor, is set to become engaged to a law firm worker who was a classmate at her university.

May18,2017

CHECK!

- **be set to** … ~することが決まっている
- **be (become) engaged** … 婚約する
- **law firm** … 法律事務所
- **classmate** [klæsmèɪt] … 同級生

訳出のポイント

- law は「法律」で、firm が「会社、事務所」なので、law firm は「法律事務所」になります。a law firm worker だと「法律事務所職員」ということです。
- classmate は「級友、同級生」。そこで a law firm worker who was a classmate at her university の部分は「大学で同級生だった法律事務所職員」ということです。対訳では「大学時代の同級生で法律事務所勤務の男性」と意訳しています。

政治

対訳

「眞子さまがご婚約へ」

天皇陛下の孫である眞子さまが、大学時代の同級生で法律事務所勤務の男性とご婚約されることとなった。

2017年5月18日

(be) set to be engaged
「婚約することになった」

be set to V は「V することになっている」「V することが決まっている」という言い方。engaged は「婚約中の」という形容詞なので、タイトルでは (be) set to be engaged で「婚約中になることが決まっている」→「婚約することになった」ということです。

また、become engaged to（人）は「（人）と婚約する」の意。そこで、本文の is set to become engaged to ～の部分も、やはり「～と婚約することが決まっている」→「婚約することになった」というわけですね。

'Tsukiji Market to be Redeveloped after Relocation': Tokyo Gov.

Tokyo Governor Yuriko Koike announced Tuesday that the Tsukiji wholesale market will be relocated to Toyosu as planned but the original site will be redeveloped as a food-related theme park within five years.

Jun21,2017

CHECK!

- **Tsukiji (wholesale) market** … 築地(卸売)市場
- **redevelop** [rìːdɪvéləp] … 再開発する
- **relocation** [rìːloukéiʃən] … 移転
- **Tokyo Governor** … 東京都知事
- **original site** … 元の場所→(移転後の)跡地
- **food-related theme park** … 食関連のテーマパーク

訳出のポイント

- wholesale は「卸売」。wholesale market で「卸売市場」となりますね。
- will be relocated to Toyosu as planned の部分は「計画された通りに豊洲へ移転させられる」→「計画通りに豊洲へ移転する」の意味です。original site は直訳すると「元の場所」。つまり、もともと中央卸売市場がある場所＝「築地」を指しますが、文脈から移転後の話をしていることが明らかなので、対訳では「もともと中央卸売市場があった場所」→「跡地」と意訳しています。-related は、名詞の後ろについて「〜に関連した」「〜に関する」という形容詞を作ります。そこで food-related は「食品に関連した」「食に関する」の意。

政治

対訳

「東京都知事：築地は移転後に再開発」

火曜日に小池百合子都知事は、築地卸売市場を計画通り豊洲に移転させるが、跡地は5年以内に食関連のテーマパークとして再開発する、と発表した。

2017年6月21日

今日のポイント

「再び」という接頭辞 re- がついた表現

develop が「開発する」という動詞なので、その前に「再び」という接頭辞 re- がついた redevelop は「再開発する」。また、relocate も同様に「再配置する」→「移転する（させる）」「転居する」。タイトルの relocation は、その名詞形で「移転」ということです。

President Putin Expels 755 US Diplomats from Russia

Russian President Vladimir Putin has demanded 755 American diplomatic staff to leave the country by September 1st in retaliation for a new sanctions bill the US Congress passed last week.　　Aug1,2017

CHECK! ▶

- [ ] **expel** [ɪkspél] … 〜を国外退去させる
- [ ] **diplomat** [dípləmæt] … 外交官
- [ ] **demand（人）to V** …（人）に〜するよう要求する
- [ ] **in retaliation for** … 〜に対する報復（措置）として
- [ ] **sanctions bill** … 制裁法案
- [ ] **US Congress** … 米議会

≡ 訳出のポイント

- demand は「要求する」「請求する」「求める」という動詞ですね。【demand（人）to V】で「(人)に〜するように要求する」という言い方になります。
- retaliation は、「仕返しする」「報復する」という動詞 retaliate の名詞形で、「仕返し」「報復」の意。in retaliation for 〜で「〜に対する報復として」「〜に対する仕返しとして」という表現になります。したがって、本文後半の in retaliation for a new sanctions bill the US Congress passed last week は「米議会が先週可決した新たな制裁法案に対する報復として」というわけです。

政治

対訳

「プーチン露大統領、米外交官755人を国外退去に」

ロシアのウラジーミル・プーチン大統領は、米議会が先週可決した新たな制裁法案に対する報復措置として、米外交スタッフ755人が9月1日までに同国から退去するよう求めた。

2017年8月1日

「強制退去させる」「国外退去させる」expel

expelの語源は「追い出す」という意味のラテン語expellere。ここから、場所、団体などから「〜を追い出す」「放逐する」「除名する」という動詞になっています。特に、外国人を「強制退去させる」「国外退去させる」という意味でも、しばしば登場する単語となっています。そこで、今日のタイトルPresident Putin Expels 755 US Diplomats from Russiaは「プーチン大統領が米外交官755人をロシアから退去させる」→「プーチン露大統領、米外交官755人国外退去に」ということです。

Tokyo Governor Yuriko Koike Forms 'Party of Hope'

Tokyo Governor Yuriko Koike has formed a new political party called Party of Hope ahead of a snap election, vowing to "reset Japan".

Sep29,2017

CHECK!

- [ ] **form a (political) party** … 政党を結成する
- [ ] **called** [kɔ́:ld] … 〜と呼ぶ、〜という名称の
- [ ] **snap election** … 解散総選挙
- [ ] **vow** [váu] … 誓う、公約する

訳出のポイント

- form はもともと「形」「形状」「形態」などを指す名詞。ここから「形作る」という意味の動詞としても頻出です。今日の場合は、組織などを「結成する」「組織する」という意味で使われています。form a political party で「新しい政党を結成する」「新党を結成する」という言い方です。
- called 〜 が「〜と呼ばれる」「〜という名称（名前）の」なので、has formed a new political party called Party of Hope の部分は「『希望の党』という名前の新しい政党を結成した」ということです。

政治

対訳

「小池百合子東京都知事、『希望の党』を結成」

東京都の小池百合子知事が、解散総選挙を前にし「希望の党」という名前の新しい政党を結成。"日本をリセットする"ことを公約した。

2017 年 9 月 29 日

今日のポイント

形容詞 snap を用いて表現する「解散総選挙」

snap は「ポキンと折れる」「プツンと切れる」という動詞で、「急な」「即座の」という形容詞としても使われます。そこで snap election は、突然の議会解散によって実施される「解散総選挙」を意味する言い方になっています。
ahead of ～ が「～の前に」なので、ahead of a snap election で「解散総選挙の前に」「解散総選挙を前にして」というわけです。

Trump Makes First Visit to Japan, Kicking off Asian Tour

U.S. President Donald Trump arrived in Japan on Sunday, the first stop on a 12-day Asian tour.

Nov6,2017

CHECK! ▶

- [ ] **make (one's) first visit to** … 〜を初めて訪問する
- [ ] **kick off** … 開始する
- [ ] **Asian tour** … アジア歴訪

訳出のポイント

- kick off はもともと、アメフトやサッカーでボールを蹴って「試合を開始する」という句動詞。ここから、試合だけでなくイベント、仕事、会議などを「開始する」「幕を開ける」という意味でも広く使われる表現となっています。
- 日本語でも「ツアー」と言いますが、英語の tour の語源は「ろくろ」「回転」「一周」を意味する古仏語の tourn。ここから、何ヶ所かをめぐるような「旅行」「周遊」、あるいは「巡業」「視察」「遠征」を意味する名詞となっています。そこで、今日の Asian tour は米大統領による「アジア歴訪」というわけです。a 12-day Asian tour で「12日間のアジア歴訪」ということです。

政治

「トランプ米大統領が初来日、アジア歴訪開始」

日曜日にドナルド・トランプ大統領が、12日間にわたるアジア歴訪の最初の訪問国である日本に到着した。

2017年11月6日

今日のポイント

「～を正式訪問する」
make a formal visit to ～

visit は「訪問する」「訪ねる」という基本動詞。同時に「訪問」という名詞としてもよく用いられますね。そして、英字新聞ではこの名詞 visit を使った make a visit to ～「～を訪問する」という言い方が頻出です。
意味的には、シンプルに動詞 visit を用いた visit to ～と同じなのですが、visit の前に様々な形容詞を加えると広く応用が利く便利な表現です。例えば、make a brief visit to ～は「～に短い訪問をする」→「～に少し立ち寄る」、make a formal visit to ～だと「～を正式訪問する」という具合です。今日のタイトルでは make (one's) first visit to Japan で「日本を初めて訪問する」→「初来日する」となっています。

Prince Harry Gets Engaged to Meghan Markle

Prince Harry, a grandson of Queen Elizabeth II and fifth in line to the British throne, is engaged to US actress Meghan Markle and plans to marry in Spring 2018, the royal family announced on Monday.

Nov29,2017

CHECK! ▶

- [ ] **get engaged to** … 〜と婚約する
- [ ] **grandson** [grǽnsʌ̀n] … 孫息子、男の孫
- [ ] **_th in line to the British throne** … 英国王位継承権__位である
- [ ] **royal family** …【英国】王室

訳出のポイント

- get engaged to 〜は「〜と婚約する」という言い方。また、is engaged to 〜だと「〜と婚約している」となります。
- grand- は father「父」、mother「母」など、親族を指す名詞の前につける接頭辞で、「1親等隔てた」という意味です。つまり、grandfather は「1親等隔てた父親」→「祖父」、grandmother は「1親等隔てた母親」→「祖母」という具合です。同様に、grandson だと「1親等隔てた息子」→「孫息子」「男の孫」となります。
- marry は「〜と結婚する」という動詞ですね。文脈によっては、日本語の「挙式する」「結婚式を挙げる」にあたる語にもなります。今日の場合は「挙式する」と訳しています。

政治

「ヘンリー王子、メーガン・マークルさんと婚約」

英国の女王エリザベス2世の孫で、英国王位継承権5位のヘンリー王子が米女優メーガン・マークルさんと婚約し、2018年春に挙式予定だという。英王室が月曜日に発表した。

2017年11月29日

「王位（皇位）継承権＿位である」、何て言う?

throne は「王座」「王位」。(be) _th in line to the throne で「王位（皇位）継承権＿位である」という言い方。_th in line to the British throne だと「英国王位継承権＿位である」ということです。

US Urges All Nations to Cut Ties with North Korea at UN Security Council

US Ambassador to the United Nations Nikki Haley called on all member nations to cut diplomatic and trade ties with North Korea after the country's latest ballistic missile test.

Dec1,2017

CHECK! ▶

- [ ] urge [ə́:rdʒ] (=call on) … ～に要求する
- [ ] cut ties … 断交する
- [ ] UN Security Council … 国連安全保障理事会
- [ ] Ambassador to the United Nations … 国連大使
- [ ] all member nations … 全加盟国
- [ ] diplomatic and trade ties … 外交および貿易関係
- [ ] ballistic missile test … 弾道ミサイル実験

訳出のポイント

- United Nations (=UN) Security council は「国連安全保障理事会」＝「国連安保理」。また、ambassador は「大使」で、Ambassador to the United Nations だと「国連への大使」→「国連大使」です。通常、Ambassador の前に各国名をつけて、US Ambassador to the United Nations「米国の国連大使」のように用います。
- 北朝鮮による新型の intercontinental ballistic missile (=ICBM) 発射実験を受けて開かれた、国連安保理の緊急会合。米国のヘイリー国連大使は、全加盟国に対して「外交や軍事、貿易、科学などあらゆる北朝鮮との関係遮断を求める」と訴えました。

政治

対訳

「国連安保理:米、全加盟国に北朝鮮との断交要請」

北朝鮮による最新の弾道ミサイル実験を受け、ニッキー・ヘイリー米国連大使は、全加盟国に対して、北朝鮮との外交および貿易関係を断絶するよう求めた。

2017年12月1日

今日のポイント

似た表現で使える動詞 urge と句動詞 call on

urge はもともと、人・馬・心などを「せき立てる」「駆り立てる」という動詞。ここから、人に(〜するように)「強く迫る」「説得する」「要求する」という意味で頻出の語となっています。【urge(人)to V】で「(人)に〜するよう説得する」「(人)に〜するよう要求する」ということです。cut ties は「関係を断つ」「断交する」。cut ties with North Korea で「北朝鮮と断交する」ということです。そして、urge all (member) nations to cut ties with North Korea だと「全加盟国に北朝鮮と断交するよう要求する」となりますね。

また本文では、この動詞 urge の代わりに句動詞 call on が登場しています。こちらも【call on(人)to V】で「(人)に〜するよう呼びかける」→「(人)に〜するよう要求する」という言い方になります。

Trump Recognizes Jerusalem as Israel's Capital

President Donald Trump announced on Wednesday that the US recognizes Jerusalem as the capital of Israel and will relocate its embassy there.

Dec8,2017

CHECK! ▸

- [ ] **recognize A as B** … AをBとして認める
- [ ] **capital** [kǽpətl] … 首都
- [ ] **relocate** [rìːlóukeɪt] … 〜を移転させる
- [ ] **embassy** [émbəsi] … 大使館

訳出のポイント

- recognize A as B は「AをBとして認める」「AをBとして受け入れる」という言い方。recognize Jerusalem as Israel's capital で「エルサレムをイスラエルの首都として認める」ということです。

- relocate は（人が建物などをある場所に）「置く」「設ける」「設置する」という動詞 locate に、「再び」「新たに」「繰り返して」「〜し直す」という接頭辞 re- がついたもの。つまり「設置し直す」→「移転させる」、あるいは「転勤させる」という意味の動詞になります。ここでは、relocate its embassy there で「その（＝米国の）大使館をそこ（＝エルサレム）に移転させる」というわけです。

政治

「トランプ大統領、エルサレムをイスラエルの首都に認定」

ドナルド・トランプ大統領は水曜日、米国はエルサレムをイスラエルの首都と認め、米大使館を同地に移転させると発表した。

2017 年 12 月 8 日

今日の
ポイント

「県庁所在地」を英語で言うと

capital の語源は「頭の」という意味のラテン語 vapitalis。「首都」「首府」「州都」などを指す名詞ですね。ちなみに、日本語の「県庁所在地」も (prefectural) capital になります。

Iraq Declares Complete Victory over IS

The Iraqi military declared on Saturday an end to the war against the Islamic State as they have gained complete control of the Iraqi-Syrian border.

Dec11,2017

CHECK! ▶

- [ ] **declare complete victory** … 完全勝利を宣言する
- [ ] **IS (= Islamic State)** …「イスラム国」（イスラム過激派組織）
- [ ] **declare an end to** … 〜の終結を宣言する
- [ ] **war against** … 〜に対する戦争、戦闘
- [ ] **gain complete control of** … 〜を完全に管理下に置く

≡ 訳出のポイント

- declare は「〜を宣言する」「〜を断言する」という動詞。complete victory は「完全なる勝利」なので、declare complete victory over で「〜に対する完全勝利を宣言する」ということです。

- IS は Islamic State の略。イラクとシリア両国の国境付近を中心に、武力制圧し国家樹立を宣言したイスラム過激派組織です。ISIS (= Islamic State of Iraq and Syria) とも ISIL (= Islamic State of Iraq and Levant) とも呼ばれます。

政治

対訳

「イラク、IS に対する完全勝利を宣言」

イラク軍は土曜日、シリアとの国境を完全に掌握したとして、「イスラム国」との戦いの終結を宣言した。

2017 年 12 月 11 日

今日のポイント

end to ～ 「～の終わり」「～の終結」

end は「終わり」「終結」という名詞。end to ～で「～の終わり」「～の終結」です。ここでは、end to the war against the Islamic State で「『イスラム国』に対する戦いの終結」となっています。

China Abolishes Presidential Term Limits

China's National People's Congress passed a constitutional amendment that abolishes presidential term limits on Sunday.

Mar12,2018

CHECK!

- [ ] **abolish presidential term limits** … 国家主席の任期制限を撤廃する
- [ ] **National People's Congress** … 【中国】全国人民代表大会
- [ ] **pass a constitutional amendment** … 憲法改正案を可決する

訳出のポイント

- abolish は法律、制度、慣習などを「廃止する」「撤廃する」という動詞。
- president の原義は「人の前に座る人」。ここから、共和国などの「大統領」、中国などの「国家主席」を意味する名詞となっています。しばしば the President と大文字で表します。presidential はこの president から派生した形容詞で、「大統領の」「国家主席の」。今日の場合は、presidential term limits で「(中国の) 国家主席の任期制限」となっています。そこで、abolish presidential term limits だと「国家主席の任期制限を撤廃する」ということです。

政治

「中国、国家主席の任期制限を撤廃」

中国の全国人民代表大会は日曜日、国家主席の任期制限を撤廃する憲法改正案を可決した。

2018年3月12日

「（議案などを）通過させる、可決する」
頻出動詞 pass

「通る」「通り過ぎる」の意でおなじみの動詞 pass は、議会が議案などを「通過させる」「可決する」の意味でも頻出。ここでは、pass a constitutional amendment で「憲法改正案を可決する」となっています。

Russian Presidential Election: Putin Wins by Wide Margin

Incumbent Russian President Vladimir Putin won a landslide reelection victory on Sunday, extending his time in office to 2024.

Mar20,2018

CHECK! ▶

- [ ] presidential election … 大統領選挙
- [ ] win by a wide margin … 大差で勝つ、圧勝する
- [ ] incumbent [ɪnkʌ́mbənt] … 現職の
- [ ] win a landslide victory … 圧倒的勝利をおさめる
- [ ] reelection … 再選
- [ ] extend … ～を延ばす、延長する

訳出のポイント

- margin はもともと「縁（ふち）」「端（はし）」、あるいは「余白」「余地」「欄外」という名詞ですが、「票差」「時間差」という意味でも使われます。そこで、win by a wide (あるいは big, large) margin で「大差で勝つ」「圧勝する」という言い方になっています。今回のタイトルでは冠詞のaが省略。英字新聞の見出しでは、必要に応じて冠詞が省略されることが多いです。

- landslide は文字通り「地滑り」「山崩れ」の意。landslide victory で選挙における「地滑り的勝利」「圧倒的勝利」という意味になります。そこで、win a landslide victory だと「地滑り的勝利をおさめる」「圧倒的勝利をおさめる」という表現になるわけです。今日の場合は reelection「再選」が加わって won a landslide reelection victory なので「圧倒的な再選勝利をおさめた」→「圧倒的な勝利で再選した」ということです。

政治

「ロシア大統領選、プーチン氏が圧勝」

日曜日、ロシアの現職ウラジーミル・プーチン大統領が圧倒的勝利で再選を果たした。プーチン氏は、2024年まで政権にとどまることとなる。

2018年3月20日

頻出表現の in office
文脈によって訳し分けを

「事務所」「オフィス」の意味でおなじみの名詞 office。大統領や首相など、責任のある「地位」「職」を指して使われる場合も多いので、注意しましょう。特に in office「在職して」「在任して」という言い方は頻出です。

また、この表現は、今日の記事のように大統領や首相に関する文脈では「政権を握って」「政権に就いて」という意味にもなります。time in office だと「在任（在職）期間」「任期」「政権に就いている期間」ということですね。したがって本文末尾の extending 以下は「彼（＝プーチン）の（大統領としての）任期を2024年まで延長する」→「（プーチン大統領は）2024年まで政権にとどまることとなる」というわけです。

Trump and Abe Kick off Talks

U.S. President Donald Trump and Japanese Prime Minister Shinzo Abe opened two days of talks at the President's Mar-a-Lago retreat in Palm Beach, Florida, Tuesday afternoon.

Apr19,2018

CHECK!

- **kick off talks** … 会談を開始する
- **two days of talks** … 2日間の会談
- **retreat** [rɪtríːt] … 別荘

訳出のポイント

- retreat は「退却」「後退」「撤退」という名詞としてよく登場しますが、「隠遁」「避難」→「休養の場所」「保養所」「隠れ家」→「別荘」といった意味でも使われます。今日の場合は、the President's Mar-a-Lago retreat で「(トランプ)大統領の別荘のマール・ア・ラーゴ」となっています。
- 17日午後に始まった米フロリダ州での日米首脳会談。まずは通訳のみを伴った2人だけで約55分間、その後少数の両政府関係者を加えて約70分間会談したということです。拉致問題を含む北朝鮮政策のほか、経済問題についても話し合ったといいます。

政治

「トランプ大統領と安倍首相、会談幕開け」

火曜日午後、ドナルド・トランプ米大統領と日本の安倍晋三首相は、米フロリダ州パームビーチにあるトランプ大統領の別荘マール・ア・ラーゴで、2日間にわたる会談を開始した。

2018年4月19日

英字新聞でも頻出の句動詞 kick off

kick off は英字新聞でも頻出の句動詞。再確認しておきましょう。もともとは、サッカーやラグビーでの「キックオフする」→「試合を開始する」の意ですね。ここから、試合だけでなく仕事、イベント、会議などを「始める」「開始する」「幕を開ける」という意味で広く使われる表現となっています。

また、本文で使われている open も、「開く」「オープンする」という動詞としておなじみですね。会議などを「開会する」「開始する」の意味でもしばしば用いられる単語です。ここでは、open two days of talks で「会談の2日間を開始する」→「2日間にわたる会談を開始する」ということです。

Trump-Kim Summit: North Korea to Work towards 'Complete Denuclearization'

U.S. President Donald Trump and North Korean leader Kim Jong-un had historic talks in Singapore on Tuesday, signing a joint statement that includes Kim's pledge to "work towards the complete denuclearization of the Korean Peninsula." Jun13,2018

CHECK! ▶

- [ ] **work towards** … 〜を目指して力を尽くす
- [ ] **complete denuclearization** … 完全非核化
- [ ] **sign a joint statement** … 共同声明に署名する
- [ ] **pledge** [plédʒ] … 誓約、公約
- [ ] **Korean Peninsula** … 朝鮮半島

≡ 訳出のポイント

- work towards 〜は「〜に向けて努力する」「〜を目指して力を尽くす」「〜に向けてまい進する」という句動詞。work towards complete denuclearization で「完全非核化に向けて努力する」「完全非核化を目指して力を尽くす」となっています。
- sign は「〜に署名する」。sign a joint statement で「共同声明に署名する」ということです。
- 両首脳が朝鮮半島の完全な非核化に向けて署名した共同声明には、これまで米国が主張してきた complete, verifiable, and irreversible denuclearization(=CVID)「完全で検証可能かつ不可逆的な非核化」は明記されず、非核化の時期や具体策も示されていません。

政治

対訳

「米朝サミット：北朝鮮は『完全非核化』目指す」

ドナルド・トランプ米大統領と北朝鮮の金正恩朝鮮労働党委員長は火曜日、シンガポールで歴史的な首脳会談を行い、金氏の「朝鮮半島の完全非核化に向けて力を尽くす」という誓約を含む、共同声明に署名した。

2018年6月13日

少ない字数の簡潔な見出しが好まれるのは英語も同じ

Trump-Kim Summit は「トランプ氏と金氏の首脳会談」の意。新聞のタイトルでは、なるべく字数が少ない簡潔な表現が好まれるのは英語でも日本語でも同じです。
この言い方が英語では最も字数が少なくなるわけですが、逆に日本語では「米朝首脳会談、米朝サミット」の方が簡潔ですね。

Japan's Diet Approves Lowering Age of Adulthood to 18

The Japanese Diet on Wednesday passed an amendment to the Civil Code to lower the age of adulthood from 20 to 18 years old. The legal age for drinking, smoking, and gambling, however, will remain unchanged at 20.

Jun14,2018

CHECK!

- **Diet** [dáɪət] … 国会
- **approve** [əprúːv] … 〜を承認する
- **lower (the) age of adulthood** … 成人年齢を引き下げる
- **pass an amendment to the Civil Code** … 民法改正案を可決する
- **legal age** … 法定年齢
- **remain unchanged** … 変わらないままである

訳出のポイント

- amendment は「改正（案）」「訂正」「修正」。amendment to 〜で「〜への改正」「〜の改正（修正）」という言い方になります。Civil Code が「民法」なので、an amendment to the Civil Code の部分は「民法の改正」ということです。
- unchanged は「変わらない、変化していない」という形容詞。そして remain が「（〜の状態の）ままである」「依然として〜（の状態）である」という動詞なので、remain unchanged で「変わらない状態のままである」「以前と同じで〜（という状態）のままである」という言い方になります。

政治

対訳

「日本、国会が成人年齢18歳に引き下げを承認」

水曜日に日本の国会で、成人年齢を20歳から18歳に引き下げる民法改正案が可決された。しかし、飲酒、喫煙、ギャンブルの法定年齢は20歳のままとなる。

2018年6月14日

今日のポイント

Diet「減食」ではなく、「国会」「議会」！

dietといえば「減食」→「ダイエット」の意味でおなじみ。しかし今日の場合は、語源が異なる別単語のdietで、こちらは日本、デンマークなどの「国会」「議会」の意味になります。通常、Dietと大文字で記されることにも注意しましょう。

ちなみに、米国・中南米諸国・インドなどではCongress、英国・カナダなどはParliamentを使います。

EU and Japan Sign EPA

The European Union and Japan have signed one of the world's biggest economic partnership agreement that covers nearly one third of the world's economy and about 600 million people.

Jul20,2018

CHECK!

- **sign** [sáɪn] … 〜に署名する
- **EPA(=economic partnership agreement)** … 経済連携協定
- **cover** [kʌ́vər] … 〜をカバーする、(範囲に) 含む
- **one third** … 3分の1

訳出のポイント

- cover はもともと「〜を覆う」「〜を包む」という動詞。日本語でも「〜をカバーする」と言うように、範囲や問題などを「含む」「扱う」「網羅する」というニュアンスでも用いられます。そこで、本文後半の (one of the world's biggest economic partnership agreement) that covers nearly one third of the world's economy and about 600 million people は「世界経済のほぼ3分の1、約6億の人々をカバーする (世界最大級の経済連携協定)」→「世界経済のほぼ3分の1、人口にして約6億人をカバーする (世界最大級の経済連携協定)」というわけです。
- 日本政府と欧州連合 (EU) が、ほぼ全品目の関税撤廃や削減を盛り込んだ経済連携協定に署名しました。人口でいうと6億人、世界の国内総生産 (GDP) 3割を占める巨大市場が誕生することになります。

政治

対訳

「EUと日本、経済連携協定に調印」

欧州連合と日本が、世界経済のほぼ3分の1、人口にして約6億人をカバーする世界最大級の経済連携協定に署名した。

2018年7月20日

「(協定などに) 調印する」の意味でもよく使う動詞 sign

動詞 sign は人が書類に「署名する」。ここから、書類に署名して「契約する」、協定などに「調印する」の意味でもよく使われます。

今日の場合は、タイトルの sign EPA は「経済連携協定に署名する」、本文の have signed one of the world's biggest economic partnership agreement の部分は「世界で最も大きい経済連携協定のひとつに署名した」→「世界最大級の経済連携協定に署名した」となっています。

Japan to End ODA for China

Japan will stop providing China with Official Development Assistance next year. Japan has given China more than 3 trillion yen of government aid since 1979.

Oct24,2018

CHECK!

- [ ] **end** [énd] … ～を終了する
- [ ] **ODA(=Official Development Assistance)** … 政府開発援助
- [ ] **provide A with B** … AにBを提供（供与）する
- [ ] **government aid** … 政府援助

訳出のポイント

- trillion は「兆」。西洋の10進法では million「100万」→ billion「10億」→ trillion「兆」のように、ゼロが3つ（3桁）増えるごとに名称が変わるシステムになっています。そして、その中間では 10 (=ten) million「100万 × 10」→「1000万」、100 (=hundred) billion「10億× 100」→「1000億」のように言いますね。今日の場合は 3 trillion yen で「3兆円」ということです。
- 1979年から日本が40年間続けてきた中国に対する ODA。有償と無償の資金協力、技術協力を合わせて総額3兆円以上を供与し、インフラ整備支援などの形で中国の経済成長を支えてきました。その間、2010年に中国は国内総生産（GDP）で日本を抜いて世界第2の経済大国に。日本政府内でも、対中 ODA 継続の必要性を疑問視する声が出ていました。

政治

対訳

「日本、中国へのODA終了へ」

日本が、中国に対する政府開発援助の供与を来年終了する。日本は1979年以来、中国に3兆円以上の政府援助を提供してきた。

2018年10月24日

今日の
ポイント

provide A with B
「AにBを提供する」

provideは「供給する」「提供する」という動詞。provide A with Bで「AにBを提供する」という言い方になります。今日の場合は、AがChina「中国」で、Bに当たる部分がOfficial Development Assistance「政府開発援助」。つまり、stop providing China with Official Development Assistanceで「中国に政府開発援助を供与することをやめる」→「中国への政府開発援助の供与を終了する」となっています。
また、このprovideも、そして本文第2文で用いられている「与える」という動詞giveも、文脈から政府開発援助を「提供する」と訳すのが最も自然ですね。

Angela Merkel to step down as German Chancellor in 2021

Angela Merkel announced on Monday that she will step down as German Chancellor in 2021, when her fourth term expires.

Oct31,2018

CHECK!

- [ ] **step down** … 退任する
- [ ] **German Chancellor** … ドイツの首相
- [ ] **term** [tə:rm] … 任期
- [ ] **expire** [ɪkspáɪər] … 終了する、満了する

訳出のポイント

- term は特定の「期間」を意味する名詞。英字新聞では大統領、首相などの「任期」の意味でしばしば登場しています。今日の場合は her fourth term で「彼女（＝メルケル氏）の４つ目の任期」→「メルケル氏の４期目の任期」ということです。
- そして、expire は契約、休暇、任期などが「終了する」「満期になる」という動詞です。したがって、本文末尾の (in 2021,) when her fourth term expires の部分は「（メルケル氏の）４期目の任期が終了する（2021年に）」というわけです。

政治

対訳

「アンゲラ・メルケル独首相、2021年に首相退任へ」

アンゲラ・メルケル独首相が月曜日、4期目の任期が満了する2021年に首相を退任する、と発表した。

2018年10月31日

今日のポイント

頻出表現!「辞職（辞任）する」
step down

step downは文字通り「降りる」という句動詞。ここから「(職、地位から)降りる」→「辞職（辞任）する」という意味で頻出の表現となっています。step down as 〜で「〜の地位（職）を降りる」「〜を退く」「〜を退任する」という言い方になります。

今日の場合は、step down as German Chancellorなので「ドイツの首相を降りる」→「独首相を退任する」ということですね。

Japan to Leave IWC

Japan announced that it would withdraw from the International Whaling Commission and aim to resume commercial whaling for the first time in 30 years.

Dec27,2018

CHECK!

- **leave** [líːv] (=withdraw from) … ～から脱退する
- **IWC** (=International Whaling Commission) … 国際捕鯨委員会
- **aim** [éɪm] … ～を目指す
- **resume** [rɪz(j)úːm] … ～を再開する
- **commercial whaling** … 商業捕鯨

訳出のポイント

- leave は「～を出発する」などの意味でおなじみの基本動詞ですが、もともとは「～を去る」「～を離れる」という意。そこで「～をやめる」「～から退く」→「～から脱退する」という意味でもしばしば使われます。つまり、withdraw from ～「～から手を引く」→「～から脱退する」と同意になるわけです。
- aim は元来は銃、ミサイルなどを（人・物などに）「向ける」「ねらう」という動詞。ここから「～をねらう」→「～（の獲得・達成）を意図する」「～を目指す」という意味でも広く使われます。aim to resume commercial whaling で「商業捕鯨を再開することを目指す」→「商業捕鯨の再開を目指す」ということです。

政治

対訳

「日本、IWC 脱退へ」

日本が、国際捕鯨委員会から脱退し、30年ぶりの商業捕鯨再開を目指すことを発表した。

2018年12月27日

名詞としても動詞としても使われる whale

whale はもともと「鯨（クジラ）」という名詞で、「捕鯨する」「捕鯨に従事する」という動詞としても使われます。whaling はこの動詞 whale の現在分詞が名詞化した語で、「捕鯨」「捕鯨業」を意味します。

Abe and Putin Meet in Moscow

Japanese Prime Minister Shinzo Abe and Russian President Vladimir Putin held talks in Moscow on Tuesday, confirming their determination to find a solution to their territorial dispute over four islands.

Jan24,2019

CHECK!

- [ ] **hold talks** … 会談を行う
- [ ] **confirm** [kənfə́ːrm] … ～を確認する
- [ ] **determination** [dɪtə̀ːrmənéɪʃn] … 決意
- [ ] **find a solution** … 解決策を見出す
- [ ] **territorial dispute** … 領土問題

訳出のポイント

- talks は「話し合い」「会談」「協議」などの意で頻出の表現。hold talks で「話し合いを持つ」「会談（協議）を行う」という言い方になっています。

- determination は「決心する」「決定する」「確定する」という動詞 determine の名詞形で、「決意」「決断」の意。そこで、confirming their determination to ～の部分は「～する決意を確認する」ということです。

- また、solution は問題の「解答」「解決」「解決策」という名詞なので、find a solution to ～で「～の解決策を見つける」「～の解決策を見出す」という言い方になるわけです。

政治

対訳

「安倍首相とプーチン大統領、モスクワで会談」

日本の安倍晋三首相とロシアのウラジーミル・プーチン大統領が、火曜日にモスクワで会談を行い、北方4島をめぐる領土問題の解決策を見出すという決意を確認した。

2019年1月24日

「領土問題」「領有権問題」英語で言うと?

territorial は「領土の」「土地の」「地域的な」という形容詞。そして、dispute が「議論」「論争」「紛争」「不和」の意なので、territorial dispute は「領土問題」「領土紛争」「領有権問題」ということですね。文末の their territorial dispute over four islands は直訳すると「4つの島をめぐる(両国の)領土問題」。

日本から見ると four islands = four northern islands、つまり「北方4島」を指しているので、対訳では「北方4島をめぐる領土問題」としています。

| Column 1 | 政治ニュースのあれこれ |

●2018年6月14日
「日本、国会が成人年齢18歳に引き下げを承認」(42,43ページ)
成人年齢を18歳に引き下げる改正民法が2018年6月に可決、成立し、22年4月1日から施行されました。

成人年齢の見直しは、実に140年ぶりだそうです。

改正後は、18歳から「成人」として、親の同意なしでローンやクレジットの契約を結ぶことや、有効期間が10年のパスポート取得、性別変更の申し立てなどができるようになりました。

一方で、飲酒、喫煙、競馬などのギャンブルについては、これまで通り「20歳未満は禁止」のままです。

ヨーロッパでは、国によっては条件付きで16歳からの飲酒が認められているところが多いです。条件というのは場所(公共の場とかレストランなど)やアルコール飲料の種類によっては飲酒OK、ということです。ドイツでは16歳からワインやビールを飲むことができます。とはいえ、日本は従来通り「飲酒は20歳から」で良いかと思います。

25年現在、「18歳は大人です!」と言われても、いまだに違和感が拭えない私です……。

政治ニュースでよく見る単語・表現 ①

ここまでの記事で出てきた重要表現を振り返ってみよう!

☐ in retaliation for「(〜に対する)報復として、仕返しとして」(P20-21)

☐ form a political party「新しい政党を結成する、新党を結成する」(P22-23)

☐ make a visit to 〜「〜を訪問する」(P24-25)
visitの前に形容詞を加えると、さまざまな応用ができます。
　☐ make a brief visit to 〜「〜に少し立ち寄る」
　☐ make a formal visit to 〜「〜を正式訪問する」

☐ pass「(議会が議案などを)通過させる、可決する」(P34-35)

☐ in office「在職して、在任して」(P36-37)
大統領や首相に関する文脈では「政権を握って、政権に就いて」という意味にもなります。
　☐ time in office「在任(在職)期間、任期、政権に就いている期間」

☐ kick off「(仕事、イベント、会議などを)始める、開始する、幕を開ける」(P38-39)

☐ step down「辞職(辞任)する」(P48-49)
step downは「降りる」という句動詞。「(職、地位から)降りる」→「辞職(辞任)する」という意味で頻出。

Japan Reveals Name of New Era, 'Reiwa'

The Japanese government announced on Monday that the name of its new era, set to formally begin once the new Emperor is crowned on May 1, will be "Reiwa".

Apr1,2019

CHECK! ▶

- [ ] **reveal** [rɪvíːl] (=announce) … 公表する
- [ ] **name of new era** … 新元号
- [ ] **(be) set to** … 〜することになっている
- [ ] **Emperor** [émpərər] … 天皇
- [ ] **formally** [fɔ́ːrməli] … 正式に
- [ ] **be crowned** … 即位する

訳出のポイント

- era は他の時代と区別される政治上、歴史上の「時代」「時期」「時代区分」を指します。the Edo era というと「江戸時代」の意味になりますね。そこで、タイトルの name of new era は直訳すると「新しい時代の名前」。つまり、「新元号」を意味しています。また、本文でも the name of its new era の部分は「その（＝日本の）新時代の名前」→「日本の新元号」というわけです。

- コンマにはさまれた set to formally begin once the new Emperor is crowned on May 1 の部分は、直前の the name of its new era「新元号」について説明する文節となっています。意味的には「5月1日に新天皇が即位した時点で正式に始まることになっている（新元号）」ということですね。

政治

「日本、新しい元号『令和』を発表」

日本政府は月曜日、5月1日の新天皇のご即位から正式に始まる新元号が「令和」となることを発表した。

2019年4月1日

同じ意味を持つreveal と announce

revealは知られていなかったこと、隠されていたもの（こと）を「明らかにする」「公表する」という動詞。今日の場合は、本文で言い換えられているように announce と同意で、「〜を発表する」という意味になっていますね。

Slovakia Elects First Female President

Anticorruption, liberal lawyer Zuzana Caputova has won Slovakia's presidential election after a runoff vote on Saturday, becoming the country's first female head of state.　　　　　　　　　　Apr2,2019

CHECK! ▶

- [ ] **elect** [ɪlékt] … ～を選出する
- [ ] **anticorruption** … 汚職反対の
- [ ] **liberal lawyer** … リベラル派（革新派）の弁護士
- [ ] **presidential election** … 大統領選挙
- [ ] **runoff vote** … 決選投票　[ ] **head of state** … 国家元首

≡ 訳出のポイント

- corruption はもともと「堕落（すること）」「頽廃（たいはい）」を意味する名詞。ここから「汚職」「買収」、政治的な「腐敗」という意味でも頻出の単語となっています。今日の場合は「反～」「非～」「対～」という意の接頭辞 anti- が加わった anticorruption で、「腐敗防止（の）」「汚職反対（の）」ということですね。

- liberal は【liber-（自由な）+ -al（～の気質の）】という成り立ちの語で、「自由な人にふさわしい」が原意。ここから、宗教や考え方などが「自由主義の」「進歩的な」「改革主義の」という意味でよく使われます。政治用語としても「進歩的な」→「改革派の」「リベラル派の」という言い方がされます。ここでは、liberal lawyer「リベラル派の弁護士」「改革派の弁護士」です。

政治

対訳

「スロバキア、初の女性大統領を選出」

スロバキア大統領選挙は、土曜日に行われた決選投票の結果、汚職反対を訴えるリベラル派弁護士のズザナ・チャプトバ氏が勝利し、同国初の女性国家元首が誕生した。

2019年4月2日

「大統領選挙」や「総選挙」を表現する頻出語

elect は「〜を（投票で）選ぶ」「〜を選出する」という動詞。おなじみの名詞 election は、この動詞 elect から派生した単語です。今日の本文でも登場している presidential election「大統領選挙」や general election「総選挙」などで頻出です。

Putin and Kim Jong-un Meet for First Time

North Korea's Kim Jong-un and Russia's President Vladimir Putin held talks in Vladivostok on Thursday, pledging to boost bilateral ties at their first ever summit.

Apr26,2019

CHECK! ▶

- [ ] **hold talks** … 会談する
- [ ] **Vladivostok** [vlædəvá:sta:k] …【ロシア】ウラジオストク
- [ ] **pledge** [plédʒ] …（固く）約束する
- [ ] **boost bilateral ties** … 両国関係を高める

訳出のポイント

- meet は「～に会う」「～と会合する」「～と知り合う」という意味でおなじみの基本動詞。英字新聞では「会談する」「協議する」といったニュアンスでもしばしば登場します。今日のタイトルでも、プーチン氏と金正恩氏が「会談する」ということですね。本文で使われている hold talks も「会談を持つ、行う」という意味で頻出の表現。しっかり確認しておきましょう。

- tie はもともと「～を結ぶ」「～を縛る」という動詞で、「結び目」「結ぶもの」という名詞でもあります。また、通例 ties と複数形で「(～との) つながり、きずな」の意。特に英字新聞では、国家間の「関係」「提携」という意味で頻出です。bilateral ties で「二国間の関係」「両国関係」という表現になっています。boost が「～を押し上げる」→「～を高める」「～を増加させる」「～を強化する」という動詞なので、boost bilateral ties で「両国関係を高める、強化する」というわけですね。

政治

対訳

「プーチン氏と金正恩氏が初会談」

北朝鮮の金正恩氏とロシアのウラジーミル・プーチン大統領が、木曜日にウラジオストクで初の首脳会談を行い、両国関係を高めることを約束した。

2019年4月26日

政治用語で「公約」の意味を持つ名詞 pledge

pledge はもともと「固い約束」「誓約」「言質」などの意味の名詞。政治用語では「公約」の意味でも使われる単語ですね。同時に「〜を固く約束する」「誓う」という動詞としても頻出です。
ここでは、pledge to V「〜することを（固く）約束する」という形になっています。

Kim Jong-nam 'Was a CIA Informant'

Kim Jong-nam, the older half-brother of North Korean leader Kim Jong-un who was killed in Malaysia in 2017, had been an informant for the Central Intelligence Agency, the Wall Street Journal reported on Monday.

Jun 12, 2019

CHECK! ▶

- [ ] CIA(=Central Intelligence Agency) …【米国】中央情報局
- [ ] informant [ɪnfɔ́ːrmənt] … 情報提供者
- [ ] older half-brother … 異母兄
- [ ] Wall Street Journal …【米国】ウォール・ストリート・ジャーナル紙
- [ ] report [rɪpɔ́ːrt] … 報道する

訳出のポイント

● half brother は、直訳すると「半分兄弟」。つまり、血の繋がりが半分の「腹違いの兄弟」「異父兄弟」「異母兄弟」を意味しています。表現としては「異父兄弟」なのか「異母兄弟」なのかはっきりしないわけですが、文章の中で日本語にする場合、どちらなのかがわかっている場合は、区別して訳すのが適切でしょう。今日の記事では、正男氏は金正恩氏の「異母兄」ということが周知の事実としてわかっているので、対訳でもそのように訳しています。また、表記としては half brother ですが、形容詞が前につく場合、読みやすいようにハイフンを入れることが多いという点にも注意してください。今日の場合 older half-brother で「年上の異母兄弟」→「異母兄」ということですね。

政治

対訳

「金正男氏は『CIA 情報提供者だった』」

北朝鮮の金正恩朝鮮労働党委員長の異母兄で、2017年にマレーシアで殺害された金正男氏は、米中央情報局（CIA）の情報提供者だったという。月曜日に米紙ウォール・ストリート・ジャーナルが報じた。

2019 年 6 月 12 日

CIA ＝ Central Intelligence Agency「中央情報局」

日本でも「CIA」として知られる Central Intelligence Agency「中央情報局」は、海外での情報収集や政治工作を行う米国大統領直属の機関ですね。informant は「情報提供者」「密告者」を意味する informer の婉曲語として使われています。

そこで、タイトルの CIA informant は「CIA（へ）の情報提供者」ということです。また、本文では an informant for the Central Intelligence Agency で「中央情報局（のため）の情報提供者」となっていますね。

Trump Meets Kim Jong-un at DMZ, Steps Inside North Korea

Donald Trump became the first sitting US president to set foot in North Korea after meeting Kim Jong-un at the demilitarized zone that divides the two Koreas on Sunday.

Jul1,2019

CHECK! ▶

- **DMZ (demilitarized zone)** … 非武装地帯→（南北朝鮮の）軍事境界線
- **step inside (=set foot in)** … 〜の中に（足を）踏み入れる
- **sitting** [sítɪŋ] … 現職の
- **divide the two Koreas** … 南北朝鮮を分断する

≡ 訳出のポイント

- step はもともと「歩み」「一歩」「足取り」という名詞。ここから、「歩く」「歩を進める」「歩いて行く」という動詞にもなっています。step inside 〜で「〜の中に歩いて行く」「〜の中に踏み入る」という表現です。また、set foot in 〜の方は直訳すると「足を〜の中に置く」。つまり「〜に足を踏み入れる」「〜に立ち入る」という言い方で、step inside 〜 と類似の言い方です。双方あわせて確認しておきましょう。

- トランプ米大統領と北朝鮮の金正恩委員長は6月30日午後、南北軍事境界線の板門店（パンムンジョム）で会見しました。米朝首脳が板門店で会談するのは史上初めてです。また、トランプ氏は金委員長と握手した後、現職の米大統領として初めて軍事境界線を越えて北朝鮮側に足を踏み入れました。

政治

対訳

「トランプ大統領がDMZで金正恩氏と会見、北側に足を踏み入れる」

ドナルド・トランプ氏は日曜日、南北朝鮮を分断する軍事境界線で金正恩氏と会見し、その後、現職の米大統領として初めて北側に足を踏み入れた。

2019年7月1日

「非武装地帯」と「軍事境界線」

DMZ は demilitarized zone の略。通常は文字通り「非武装地帯」と訳されます。ただし、朝鮮半島において大韓民国（韓国）と朝鮮民主主義人民共和国（北朝鮮）との実効支配地域を分割する"非武装地帯"については、日本では「軍事境界線」と呼ぶことが通例となっています。

また、地区の名称である「板門店」を同意義で使うことも多いですね。今日の記事では、the demilitarized zone that divides the two Koreas「２つのコリアを分断する軍事境界線」→「南北朝鮮を分断する軍事境界線」ということですね。

Japan Removes South Korea from Its "White List"

The Japanese government formally decided Friday to remove South Korea from its so-called "white list" countries that receive preferential treatment on requirements for the import of Japanese-made goods.

Aug6,2019

CHECK! ▶

- [ ] **remove A from B** … AをBから除外する
- [ ] **so-called** … いわゆる〜
- [ ] **preferential treatment** … 優遇措置
- [ ] **requirements** [rɪkwáɪərmənts] … 必要条件、必須要件
- [ ] **import of Japanese-made goods** … 日本製品の輸入

訳出のポイント

- remove は「〜を取り除く」「取り去る」「除去する」という動詞。remove A from B で「AをBから取り除く」「AをBから除外する」という言い方になっています。
- 日本政府は２日、安全保障上の輸出管理で優遇措置を取っている「ホワイト国」から韓国の除外を正式に決定しました。これを受けて、すでに輸出管理を強化している半導体材料の３品目に加え、食品や木材を除く軍事転用可能な多くの品目について、韓国向けの輸出手続きが煩雑になります。

政治

対訳

「日本、韓国を『ホワイト国』から除外」

日本政府は金曜日、日本製品輸入のための必須要件について優遇措置を受けている、いわゆる「ホワイト国」から韓国を除外することを、正式に決定した。

2019年8月6日

TODAY'S POINT
今日のポイント

リストそのもののほか、掲載国自体も指す "white list"

"white list" は日本の輸出管理上の優遇措置を受けられる「ホワイト国」（のリスト）のこと。英語では "white list" countries「ホワイト・リスト（に載っている）国」→「ホワイト国」のようにも訳されています。so-called は「いわゆる〜」「〜といわれて」という形容詞。そこで so-called "white list" countries で「いわゆる『ホワイト国』」ですね。

そして、続く that 以下はこの「ホワイト国」を説明する文節となっています。具体的には that receive preferential treatment「優遇措置を受ける（「ホワイト国」）」が何に関する優遇措置かというと、on requirements for the import of Japanese-made goods「日本製品の輸入のための必須要件における（優遇措置）」ということです。つまり、「日本製品輸入のための必須要件について優遇措置を受けている、いわゆる『ホワイト国』」というわけですね。

Japan's Emperor Proclaimes Enthronement

Japan's Emperor Naruhito officially proclaimed his enthronement on Tuesday, in an ancient ceremony attended by about 200 dignitaries from all over the world.   Oct23,2019

CHECK! ▶

- [ ] **Emperor** [émpərər] …【日本】天皇
- [ ] **proclaim one's enthronement** … 即位を宣明する
- [ ] **ancient ceremony** … 古来の儀式
- [ ] **attend** [əténd] … 〜に参列する
- [ ] **dignitary** [dígnətèri] … 要人

≡ 訳出のポイント

- proclaim は「〜を（公式に）宣言する」「〜を布告（公布）する」という動詞。enthronement が「即位」なので、proclaim one's enthronement で「即位を宣言する、宣明する」です。

- attend は「〜に出席する」「〜に参列する」という動詞。そこで本文後半の in an ancient ceremony attended by about 200 dignitaries from all over the world の部分は「世界各地からの約200人の要人によって参列された日本古来の儀式において」→「世界各国から要人約200人が参列した日本古来の儀式において」となっています。つまり全体では「火曜日に天皇陛下が、世界各国から要人約200人が参列した日本古来の儀式において、即位を正式に宣明した」というわけです。対訳では後半を独立させ「火曜日、天皇陛下が日本古来の儀式を行い、即位を正式に宣明した。儀式には世界各国から要人約200人が参列した」としています。

政治

☰　　　　　　　対訳

「日本、天皇陛下が即位を宣明」

火曜日、天皇陛下が日本古来の儀式を行い、即位を正式に宣明した。儀式には世界各国から要人約 200 人が参列した。

2019 年 10 月 23 日

今日の
ポイント

元号をつけて呼ぶのは過去の天皇のみ

emperor はもともと「皇帝」を意味する名詞で、日本の「天皇」も英語では Emperor になります。日本語では「大正天皇」「昭和天皇」のように言いますが、英語では the Emperor Taisho、the Emperor Showa となります。
ただし、元号をつけて呼ぶのは過去の天皇のみで、現天皇は Emperor Naruhito と呼ばれます。今日の本文でも Japan's Emperor Naruhito となっていますが、対訳では日本での通例にならい「天皇陛下」としています。

Trump Officially Creates US Space Force

President Donald Trump has officially launched a new military force focused on warfare in space, the US Space Force.

Dec23,2019

CHECK! ▶

- [ ] **officially create (=launch)** … 〜を正式に発足する
- [ ] **US Space Force** … 米国宇宙軍
- [ ] **military force** … 軍隊
- [ ] **focused on** … 〜に特化している
- [ ] **warfare in space** … 宇宙における軍事

訳出のポイント

- force はもともと物理的な「力」「強さ」「勢い」「パワー」を意味する名詞。ここから「支配力」「影響力」「説得力」などの様々な"力"を指す単語となっており、その中には「軍事力」「兵力」「武力」も含まれるわけです。例えば the Air Force だと「空軍」の意味になりますね。今日の場合は US Space Force で「米国宇宙軍」ということです。

- (be) focused on 〜は「〜に焦点を合わせている」→「〜に集中している」「〜に特化している」「〜に目を向けている」という言い方。そこで a new military force focused on warfare in space の部分は「宇宙における軍事に特化した新しい軍隊」となっています。

政治

対訳

「トランプ氏、米『宇宙軍』を正式に発足」

ドナルド・トランプ米大統領は、宇宙における軍事に特化した新しい軍隊「米国宇宙軍」を正式に発足した。

2019年12月23日

「発足する」などの意味で頻出
create と launch

create は新しいものを「作り出す」「創造する」という動詞。組織、団体、制度などを「創設する」「創立する」「発足する」というニュアンスでもしばしば使われる単語です。今日のタイトルでは、新たな軍隊を「発足する」という意味になっています。また、本文では create の代わりに launch が使われています。こちらも、事業、活動、組織などを「開始する」「立ち上げる」→「発足する」などの意で頻出動詞です。

Japan Introduces Mandatory Plastic Shopping Bag Charges

All retailers across Japan are required to charge for disposable plastic shopping bags, effective on Wednesday, as a measure to protect the environment. Jul2,2020

CHECK! ▶

- [ ] **introduce** [ìntrəd(j)úːs] … 〜を導入する
- [ ] **mandatory** [mǽndətɔ̀ːri] … 義務的な
- [ ] **plastic shopping bag** … (プラスチック製)レジ袋
- [ ] **charge** [tʃáːrdʒ] …【名詞】料金(の請求) / 【動詞】代金を請求する→有料にする
- [ ] **retailer** [ríːtèilər] … 小売事業者
- [ ] **be required to** … 〜することを義務づけられる
- [ ] **disposable** [dɪspóʊzəbl] … 使い捨ての
- [ ] **effective on** … 〜から実施される
- [ ] **measure** [méʒər] … 対策
- [ ] **protect the environment** … 環境を保護する

≡ 訳出のポイント

- mandatory は「命令の」「義務的な」「強制的な」という形容詞。そこで、タイトルの mandatory plastic shopping bag charges は「義務的なレジ袋料金請求」→「レジ袋有料化の義務づけ」ということです。
- require は「〜を必要とする」「〜を要求する」の意味でおなじみの動詞。be required to 〜で「〜することを必要とされる」→「〜することを義務づけられる」という言い方です。

政治

対訳

「日本、レジ袋有料化義務づけを導入」

環境保護対策として、水曜日から日本国内で全ての小売事業者に使い捨てのレジ袋の有料化が義務づけられている。

2020年7月2日

TODAY'S POINT
今日のポイント

「(法律などが) 効力を発する」としても使う effective

effective は「効果がある」「有効な」という形容詞。法律などが「効力を発する」「実施されている」という意味でもしばしば使われます。(become) effective on _ で「_から実施される」という言い方になります。

今日の場合は、effective on Wednesday で「水曜日から(レジ袋の有料化が義務づけられる)」ということですね。本文末尾の as a measure to protect the environment の部分は、直訳すると「環境を保護するための対策として」。対訳では簡潔に「環境保護対策として」と訳しています。

Koike Re-elected as Tokyo Governor

Tokyo Gov. Yuriko Koike won a second term in Sunday's gubernatorial election, gaining an overwhelming endorsement from voters for her handling of the coronavirus crisis.   Jul7,2020

CHECK! ▐▐▐▐▶

- [ ] **(be) re-elected** … 再選される
- [ ] **Tokyo Governor (=Gov.)** … 東京都知事
- [ ] **win a second term** … 2期目の当選を果たす
- [ ] **gubernatorial election** … 知事選挙
- [ ] **gain an overwhelming endorsement** … 圧倒的な支持を得る
- [ ] **voter (s)** [vóutər] … 有権者
- [ ] **handling of** … 〜への対応

≡ 訳出のポイント

- term は特定の「期間」を意味する名詞。学校の「学期」、支払いの「期日」といった意味で幅広く用いられていますね。今回は「在職期間」「任期」を指します。second term で「2期目（の任期）」。そして、win a second term で「2期目の当選を果たす」という言い方になっています。

- endorsement は「是認」「支持」。gain an overwhelming endorsement だと「圧倒的な支持を獲得する」という表現になります。さらに、後続の from voters の部分を含めると「有権者からの（圧倒的な支持を獲得する）」となっています。voter(s) は直訳すると「投票する人（たち）」。「投票者」→「有権者」に当たる言い方で頻出です。

政治

| 対訳

「小池氏が再選、東京都知事選」

日曜日に行われた東京都知事選で、現職の小池百合子氏が2期目の当選を果たした。新型コロナウイルス危機への対応で、有権者の圧倒的な支持を得た形だ。

2020年7月7日

しばしば登場する受動態
be re-elected「再選を果たす」

re-elect は「〜を再び選出する」「〜を再選させる」という動詞。英字新聞では、受動態の be re-elected「再選される」「再選を果たす」という形でしばしば登場します。
今日のタイトルでは (is) Re-elected as Tokyo Governor で「東京都知事として再選される」ということですね。

Japanese PM Shinzo Abe Announces His Resignation

Shinzo Abe, the longest-serving Japanese prime minister in history, announced his intention to step down on Friday, due to health reasons.

Aug31,2020

CHECK! ▶

- [ ] **PM (=prime minister)** … 【日本】総理大臣、首相
- [ ] **announce one's resignation** … 辞意を表明する
- [ ] **longest-serving** … 最も長く在任した、最長在任の
- [ ] **announce one's intention** … 意向を表明する
- [ ] **step down** … 辞任する
- [ ] **due to health reasons** … 健康上の理由から

訳出のポイント

- resign は「(途中で) 辞職する、辞任する、やめる」という動詞。resignation はその名詞形なので「辞職」「辞任」の意味になります。announce one's resignation で「辞任を発表する」「辞意を表明する」ということですね。

- intention は「意図」「意志」「つもり」。日本語の「意向」に当たる単語として捉えておきましょう。announce one's intention to V で「〜する意図を発表する」「〜する意向を表明する」という言い方になっています。したがって announced his intention to step down の部分は「辞任する意向を表明した」となります。

政治

対訳

「日本の安倍晋三首相、辞意を表明」

日本の総理大臣として在任期間が歴代最長の安倍晋三首相が金曜日、健康上の理由から辞任する意向を表明した。

2020 年 8 月 31 日

今日のポイント

様々な意味で使われる重要動詞 serve

serve は様々な意味で使われる重要動詞ですが、もともとは「〜に仕える」「〜のために尽くす」の意。ここから、特に公職、公務員、軍人などとして「仕える」「働く」「勤める」→「在職する」という意味でしばしば用いられる単語となっています。

そこで、longest-serving は「最も長く在職する（した）」→「在職期間が最長の」という形容詞になるわけです。つまり the longest-serving Japanese prime minister in history の部分は「歴史において在職期間が最長の日本の総理大臣」→「在任期間が歴代最長の日本の総理大臣」ということです。

Suga Wins LDP Election to Become Japan's New PM

Japan's ruling Liberal Democratic Party has elected Yoshihide Suga as its new leader to succeed Shinzo Abe on Monday. The Chief Cabinet Secretary is almost certain to become the next prime minister.　　　Sep16,2020

CHECK! ▶

- [ ] **PM (=prime minister)** …【日本】総理大臣、首相
- [ ] **LDP (=Liberal Democratic Party)** …【日本】自由民主党
- [ ] **succeed** [səksíːd] …〜のあとを継ぐ、〜の後任になる
- [ ] **Chief Cabinet Secretary** …官房長官
- [ ] **(be) almost certain** …ほぼ確実である

≡ 訳出のポイント

- 動詞 succeed には主に2つの意味があり、どちらも重要なのでしっかり確認しておきましょう。第1は「成功する」「立身出世する」「うまく行く」の意。success「成功」の動詞形ということです。そして第2は「あとを継ぐ」「後任となる」で、今日の場合はこちらの意味で登場していますね。すなわち、succeed Shinzo Abe で「安倍晋三氏のあとを継ぐ」「安倍晋三氏の後任となる」となっています。

- certain は「確信している」「確かである」という形容詞。almost certain だと「ほぼ確か、ほぼ確実である」「ほぼ間違いない」となります。したがって、本文第2文は「官房長官（＝菅氏）は次の総理大臣になることがほぼ確実である」→「菅氏が新総理になることがほぼ確実となった」というわけです。

政治

対訳

「自民党総裁選で菅氏が勝利、新首相に」

日本の与党・自由民主党は月曜日、安倍晋三氏の後継となる新総裁に官房長官の菅義偉氏を選出した。菅氏が新総理になることがほぼ確実となった。

2020年9月16日

今日のポイント

「自由民主党」「自民党」を英語で

LDP は Liberal Democratic Party の略で、「自由民主党」「自民党」。LDP election で「自民党の選挙」→「自民党の総裁選挙」ということですね。

Japan to Offer Free COVID-19 Vaccinations to All Citizens

The Japanese government plans to provide vaccinations against the coronavirus free of charge to all citizens once they become available, according to officials.

Oct2,2020

CHECK! ▶

- [ ] **offer (=provide) vaccination** … ワクチン接種
- [ ] **citizen** [sítəzn] … 国民
- [ ] **free of charge** … 無料で
- [ ] **become available** … 入手（利用）できるようになる
- [ ] **according to officials** …（政府）関係筋によると

訳出のポイント

- citizen は「国民」「公民」。本来は（君主国ではなく）共和国の「国民」を指す語です。そして、ある特定の市、町などの「市民」「住民」を意味する場合もあるので、あわせて確認しておきましょう。
- 名詞 official はもともと「公務員」「役人」の意。具体的な省の名前などとともに「政府高官」「当局者」という意味合いでも頻出です。according to officials は「（複数の）（政府）当局者によると」→「（政府）関係筋によると」という表現になるわけです。

政治

対訳

「日本、新型コロナワクチン接種無料提供へ」

関係筋によると、日本政府は、新型コロナウイルスワクチン接種が可能となり次第、全国民に無料で提供する方針だという。

2020年10月2日

多彩な表現ができる free of ～

free は「自由な（に）」という意味でおなじみの形容詞（副詞）。そして「自由な」→「束縛のない」「負担のない」「悩まされない」という意味合いで広く用いられ、free of ～で「～から自由な」「～の負担のない」「～に悩まされない」という言い方になっています。
中でも free of charge「代金の負担のない」「支払いに悩まされない」→「無料の」「無料で」という表現は頻出です。
またここから、free だけでも「無料の」「無料で」という意味で使われるようになっているわけです。

US Election: Biden Declares Victory

Democratic candidate Joe Biden declared victory over Donald Trump in the US Presidential election on Saturday, pledging to be a leader who "seeks not to divide, but to unify the nation".

Nov9,2020

CHECK! ▶

- [ ] **declare victory** … 勝利宣言をする
- [ ] **Democratic candidate** … 民主党候補
- [ ] **pledge** [plédʒ] … 誓う
- [ ] **seek to** … ～しようと努める
- [ ] **divide** [dɪváɪd] … ～を分断する
- [ ] **unify** [júːnəfàɪ] … ～を結束させる、団結させる

≡ 訳出のポイント

- pledge は「～を誓う」「～を誓約する」。pledge to be a leader who ～ で「～する指導者である（＝指導者になる）ことを誓う」ということですね。
- seek は「～をさがし求める」「～を求める」「～を得ようとする」という動詞。seek to V だと「～することを求める」→「～しようと努める」という言い方になります。そこで (to be a leader who) seeks not to divide, but to unify the nation の部分は「その国（＝アメリカ）を分断させるのではなく結束させるよう努める（指導者になる）」→「国の分断ではなく結束を目指す（指導者になる）」というわけです。

政治

対訳

「米大統領選:バイデン氏が勝利宣言」

民主党候補のジョー・バイデン氏は土曜日、米大統領選でのドナルド・トランプ氏に対する勝利を宣言し、「国の分断ではなく結束を目指す指導者になる」と誓った。

2020年11月9日

米大統領選における勝利宣言と敗北宣言

declare は、国や人が規約や慣習にしたがって正式に「〜を宣言する」という動詞。declare victory で「勝利を宣言する」「勝利宣言を行う」という言い方です。
米大統領選では、まず当選が確実となった候補者が勝利宣言を、その後に敗れた候補者が敗北宣言の演説を行うのが、民主主義に基づく慣習とされています。今日は、バイデン氏が勝利宣言をしたというニュース。declared victory over Donald Trump で「ドナルド・トランプ氏に対する勝利を宣言した」となっています。

Japan's Crown Prince 'Approves' Daughter Princess Mako's Marriage

Japan's Crown Prince Akishino said he "approves" of the long-delayed marriage of his eldest daughter, Princess Mako, to her former college classmate Kei Komuro.　　Dec1,2020

CHECK! ▸

- **Crown Prince Akishino** …【日本】秋篠宮親王→秋篠宮さま
- **approve** [əprúːv] … 認める、承認する
- **Princess Mako** …【日本】眞子内親王→眞子さま
- **long-delayed marriage** … 長い間延期となっている結婚
- **eldest daughter** … 長女
- **former college classmate** … 元大学同級生→大学時代の同級生

訳出のポイント

- approve は「賛成する」「認める」「承認する」という動詞。自動詞、他動詞のどちらでもあるので、今日のタイトルのように直接目的語をとって「〜を認める」という使い方（＝他動詞）もしますし、本文のように前置詞 of を用いて、approve of 〜で「〜を認める」という形（＝自動詞）でも頻出です。
- delayed は「遅れた」「遅延の」「延期された」という形容詞。long-delayed だと「長く遅れた」「大幅に遅れている」「長く延期されている」なので、long-delayed marriage で「長い間延期されている結婚」となります。

政治

対訳

「秋篠宮さま、眞子さま結婚『認める』」

日本の秋篠宮親王が、長い間延期されている長女・眞子内親王と大学時代の同級生である小室圭さんとの結婚を"認める"と述べられた。

2020年12月1日

TODAY'S POINT
今日の
ポイント

crown prince で「皇太子」

crown prince は「皇太子」。現在の日本では、Crown Prince Akishino で皇位継承順位1位の「皇嗣（こうし）」である「秋篠宮親王」のことになります。また、Princess Mako は eldest daughter「最も年長の娘」→「長女」である「眞子内親王」を指しています。

皇族に関する日本の報道では、こうした身位（しんい）のほかに、「〜殿下」と尊称をつける、あるいは「〜さま」と呼ぶのが通例です。今日の対訳では、タイトルでは「秋篠宮さま」「眞子さま」、本文では「秋篠宮親王」「眞子内親王」のように身位で称する形としています。

Joe Biden Receives Covid-19 Vaccine Live on TV

US President-elect Joe Biden received a Pfizer Covid-19 vaccine live on television on Monday to show Americans it is "safe to take."

Dec23,2020

CHECK! ▶

- [ ] **receive (=take) a vaccine** … ワクチン接種を受ける
- [ ] **live on TV (=television)** … テレビの生放送で
- [ ] **President-elect** … 次期大統領

訳出のポイント

- receive a vaccine あるいは take a vaccine は「ワクチンを受ける」→「ワクチン接種を受ける」「ワクチンを接種される」。receive a Pfizer Covid-19 vaccine で「ファイザー社の新型コロナウイルス・ワクチン」ということです。
- アメリカのバイデン次期大統領は21日、ファイザー社などが開発した新型コロナウイルスのワクチンを接種する様子をテレビで公開し、その安全性をアピールしました。もともとワクチン全般への不信感を持つ人々が少なからずいるのに加え、新型コロナのワクチンが前代未聞のスピードで開発・承認されたことから、多くの米国民がその安全性を懸念しています。今回バイデン氏が自らのワクチン接種を公開したのは、こうした不信感や懸念を払拭し、接種の必要性を伝える試みということですね。

政治

対訳

「ジョー・バイデン氏がコロナ・ワクチン接種、TV生放送で」

米国のジョー・バイデン次期大統領は月曜日、国民に"ワクチン接種は安全である"ことを示すために、テレビの生放送でファイザー社の新型コロナウイルス・ワクチン接種を受けた。

2020年12月23日

動詞 live と形容詞 live

live [liv] は「生存する」「生きる」「生活する」、あるいは「住む」「居住する」といった動詞としておなじみですね。ただし、今日登場している live は形容詞で、発音も [laiv] と異なっています。
もともと「生きている」「元気な」「活気のある」という意味ですが、放送、番組、演技などが「生の」「実況の」「ライブの」「実演の」という意味でもよく使われる語です。live on TV (=television) で「テレビの生放送で」「テレビの生番組で」という言い方になります。本文後半部分は to show Americans it is "safe to take (a Covid-19 vaccine)" と考えましょう。つまり、「"新型コロナウイルス・ワクチンを受けることは安全である"とアメリカ国民に示すために」→「国民に"ワクチン接種は安全である"ことを示すために」ということです。

Prince Philip, Husband of Queen Elizabeth II, Is Dead at 99

Britain's Prince Philip, Duke of Edinburgh, Queen Elizabeth II's husband, died at Windsor Castle on Friday morning, Buckingham Palace revealed. He was 99.

Apr13,2021

CHECK! ▶

- [ ] **Prince Philip** …【英国】フィリップ殿下
- [ ] **Queen Elizabeth II** …【英国】女王エリザベス2世
- [ ] **Duke of Edinburgh** …【英国】エディンバラ公
- [ ] **Windsor Castle** …【英国】ウィンザー城
- [ ] **Buckingham Palace** …【英国】バッキンガム宮殿→英王室

≡ 訳出のポイント

- dead は「死んでいる」という形容詞。〜 is dead「〜は死んでいる」→「〜が死去した」という言い方は、簡潔で短い表現が好まれる新聞記事では、訃報を伝える際の見出しとしてよく使われます。
- Buckingham Palace「バッキンガム宮殿」はロンドンにあるイギリス国王（女王）の宮殿としておなじみですね。イギリス王室を象徴する宮殿であることから、「英王室」を指して用いられることも多くなっています。

政治

対訳

「エリザベス女王の夫・フィリップ殿下が死去、99歳」

英女王エリザベス2世の夫・エディンバラ公フィリップ殿下が金曜日朝、ウィンザー城で死去した。享年99。英王室が発表した。

2021年4月13日

Duke、Prince……称号の英語表現

duke の語源は「指導者」という意味のラテン語 dux。通例 Duke と大文字表示で、「公爵」「〜公」の意味になります。Duke of Edinburgh「エディンバラ公(爵)」はイギリスの Queen Elizabeth Ⅱ「女王エリザベス2世」の夫、Prince Philip「フィリップ殿下」の称号です。
ちなみに、Prince という称号については決まった日本語訳があるわけではありません。しかし外務省では「王配殿下」という言い方が用いられ、一般的にも「殿下」が使われているため、今日の対訳でもこれにならっています。ちなみに、「王配」という聞き慣れない言葉は、"女王の配偶者" ということですね。英語では prince consort あるいは king consort で、その称号として prince が与えられるということです。

China to Allow Families to Have Three Children

China announced on Monday that it will allow married couples to have up to three children, shifting from the existing two-child policy after its recent census showed a dramatic decline in births.

Jun 1, 2021

CHECK! ▶

- [ ] **allow(人)to V** … (人)が〜することを認める
- [ ] **married couple** … 夫婦
- [ ] **up to** … 最大〜
- [ ] **shift from** … 〜から切り替える
- [ ] **existing two-child policy** … 現行の二人っ子政策
- [ ] **census** [sénsəs] … 国勢調査
- [ ] **a dramatic decline in births** … 出生数の大幅減少

≡ 訳出のポイント

- allow(人)to V は「(人)が〜することを認める」という言い方。そこで、今日のタイトルは「中国が家族が3人の子どもを持つことを認める」→「中国が1世帯あたり3人の子ども(を持つこと)を容認する」となっています。
- 位置や方向を「変える」「切り替える」「移す」という意味を持つ動詞 shift。shift from 〜 (to …) で「〜から(…へ)切り替える」という言い方になります。

政治

「中国、1世帯あたり子ども3人を容認へ」

中国は月曜日、夫婦が最大3人の子どもを持つことを認めると発表した。先般の国勢調査で出生数の大幅減少が明らかになったことを受けて、現行の二人っ子政策を転換した形だ。

2021年6月1日

「突然起きる」「飛躍的な」「目覚ましい」などを表す形容詞

もともと「劇の」「戯曲の」「脚本の」という意味の形容詞 dramatic。「芝居にありそうな、印象的な、劇的な」という意味合いから、さらに「突然起きる、目覚ましい、大規模な」という意味でも使われます。

今回の a dramatic decline in births は「出生数における目覚しい減少」→「出生数の激減」「出生数の大幅減少」と訳せます。

Fumio Kishida to Become Japan's next PM after Winning LDP Leadership Vote

Fumio Kishida won the presidential election of Japan's ruling Liberal Democratic Party on Wednesday, putting him on course to become the next prime minister.

Oct1,2021

CHECK! ▶

- [ ] **PM (=prime minister)** … 【日本】総理大臣、首相
- [ ] **LDP (=Liberal Democratic Party)** … 【日本】自民党（自由民主党）
- [ ] **leadership vote** … 指導者を決める投票→総裁選
- [ ] **presidential election** … 総裁選挙
- [ ] **ruling** [rúːlɪŋ] … 支配している
- [ ] **put ～ on course to V** … ～を…する軌道に乗せる

訳出のポイント

- 自民党の「総裁」は、英語では president なので、本文で登場している the presidential election は、文字通り「総裁（を決める）選挙」の意味になっています。
- course は進むべき「方向」、とるべき「道（筋）」「進路」「針路」「軌道」などを意味する名詞。そこで put ～ on course to V は「～を…する道筋（軌道）に乗せる」という言い方になります。ここから、本文末尾の [,] 以下は「（総裁選での勝利は）彼（＝岸田氏）を次の総理大臣になる軌道に乗せた」→「（岸田氏が総裁選で勝利し）、次期総理となる道筋が決まった」となっています。

政治

☰ 対訳

「自民総裁選で岸田氏が勝利、次期首相へ」

水曜日、日本の与党・自由民主党の総裁選挙で岸田文雄氏が勝利し、次期総理大臣への道筋が決まった。

2021 年 10 月 1 日

頻出の政治用語 ruling party

ruling は「支配している」「優勢な」という形容詞。英字新聞では政治用語 ruling party「支配している（優勢な）政党」→「与党」という言い方で頻出です。
ruling の後ろに具体的な与党の政党名を挙げると、「支配している〜」→「与党である〜」のように表現することができます。あわせて覚えておきましょう。今日の場合は Japan's ruling Liberal Democratic Party で「日本の与党である自由民主党」です。

Japan's Princess Aiko Celebrates Coming of Age Ceremonies

Japan's Princess Aiko went through official ceremonies to mark her coming of age at the Imperial Palace on Sunday. Aiko, Emperor Naruhito's only child turned 20 on December 1st.

Dec7,2021

CHECK! ▶

- [ ] Princess Aiko … 【日本】愛子内親王、愛子さま
- [ ] celebrate (=go through) … (儀式、祝典など) を行う
- [ ] coming of age … 成人 (年齢)、成年
- [ ] official ceremonies … 公式行事
- [ ] mark [mάːrk] … 〜を記念する、〜を祝う
- [ ] Imperial Palace … 【日本】皇居
- [ ] Emperor Naruhito … 【日本】天皇陛下
- [ ] turn _ (years old) … __歳になる

☰ 訳出のポイント

- go through はもともと「〜を通り抜ける、通過する」という成句。「(法案などが) 可決される」、「(苦しみなどを) 受ける、経験する」としてよく使われます。さらに、「(手続き、過程などを) 踏む、終える」、「(儀式などを) 行う、参加する」といった場合にも用いる表現です。
- 動詞 turn は「回る、回転する、〜に変わる、〜になる」といった様々な意味で使われる基本動詞。「(ある年齢、時刻、金額など) に達する、を超える」としてもしばしば使われます。

政治

「日本の愛子内親王、成年行事に臨まれる」

日本の愛子内親王は日曜日、皇居にて成年を祝う公式行事に臨まれた。天皇陛下の唯一の子である愛子さまは、12月1日に20歳になられた。

2021年12月7日

今日のポイント

「祝う」だけじゃない、動詞 celebrate

celebrate は「〜を祝う」「〜を祝賀する」という意味でおなじみの動詞ですね。「(儀式、祝典などを)行う、挙行する」という意味合いでもよく使われるので、注意しましょう。例えば celebrate a marriage だと「結婚式を執り行う」「挙式する」という意味になります。

Column 2　政治ニュースのあれこれ

●2020年7月2日
「日本、レジ袋有料化義務づけを導入」(72,73ページ)
2020年7月から、全国の小売店でレジ袋の有料化がスタートしました。

私はレジ袋自体が大好きなので、必ず、コンビニでもどこでもレジ袋をもらいます(買います)。ゴミ袋になったり、ちょっと何かを入れて持ち出すための緊急用のバッグになったり、さらにはレジ袋自体をまとめる収納袋になったり……。変幻自在な活用ができるからです。あとはやはり衛生的ですね。

ちなみに、エコバッグは本当に「エコ」なのか気になって調べたところ、1枚の袋を作るときに発生する環境負荷を試算し、それぞれの買い物袋に推奨される最大の再利用回数を明らかにしたデータがありました【註】。

これによると、1枚あたりの環境負荷が最も少ないのはレジ袋。店頭で購入したレジ袋を1回再利用すると、その1枚を作る際の環境負荷をカバーできるとのことです。一方エコバッグは、素材によって異なりますが、レジ袋1枚分の環境負荷を下回るには、同じエコバッグを35回から最大で2万回再利用する必要があるそうです。

【註：参考URL https://cyql.jp/infographics/lca/ 】

政治ニュースでよく見る単語・表現 ❷

ここまでの記事で出てきた重要表現を振り返ってみよう!

☐ hold talks「話し合いを持つ、会談(協議)を行う」(P52-53)
talksは「話し合い、会談、協議」などの意で頻出の表現です。

☐ boost bilateral ties「両国関係を高める、強化する」(P60-61)
tieは「〜を結ぶ、〜を縛る」という動詞のほか、「結び目、結ぶもの」という名詞でもあります。
　　☐ (通例複数形で)ties「(〜との)つながり、きずな」。英字新聞では「(国家間の)関係、提携」という意味で頻出。

☐ be required to 〜「〜することを義務づけられる」(P72-73)

☐ gain an overwhelming endorsement「圧倒的な支持を獲得する」(P74-75)

☐ Liberal Democratic Party=LDP「自由民主党、自民党」(P78-79)

☐ ruling party「与党」(P92-93)

2017〜2021年のニュース
経済編

NEWS 2017-2021
ECONOMY

2017/5/19	**"Super Car Vending Machine" Attracts Tourists in Singapore** シンガポールの「スーパーカーの自販機」、観光客に人気	
2017/6/1	**Amazon Share Tops $1,000 for First Time** アマゾン株、初の1千ドル超え	
2017/11/7	**World's Most Expensive Scotch Turned out to Be a Fake** 世界最高額のスコッチ、偽物と判明	
2017/11/9	**Nikkei Average Jumps to 26-year High** 日経平均、26年ぶりの高値	

2017/11/30	**Bitcoin Surpasses $10,000**	
	ビットコイン、1万ドル突破	
2017/12/15	**Rakuten Aims to Become Japan's Fourth Major Mobile Carrier**	
	楽天、日本第4の主要携帯電話会社を狙う	
2017/12/28	**Japan's Jobless Rate Falls to 24-year Low**	
	日本の失業率、24年ぶり低水準に	
2018/8/2	**Apple Moves Closer to $1,000,000,000,000**	
	アップル、1兆ドル企業へ前進	
2018/10/11	**Japan Has the Strongest Passport in the World**	
	日本のパスポートが世界最強に	
2018/10/18	**Marie Antoinette's Jewelry Available at Auction**	
	マリー・アントワネットの宝飾品が競売に	
2018/11/13	**Alibaba Sets New Singles Day Sales Record**	
	アリババ、「独身の日」の売上新記録	
2019/1/8	**Japan Launches ¥1,000 Departure Tax**	
	日本、出国税1千円の適用開始	
2019/7/2	**Japan Resumes Commercial Whaling after 31-year-Hiatus**	
	日本が商業捕鯨を再開、31年ぶり	
2019/7/22	**Apollo 11 Moon-landing Videotapes Sell for $1.82 Million at Auction**	
	アポロ11号月面着陸のビデオテープ、182万ドルで落札	
2019/8/19	**Japanese Whisky Fetches HK$7.19M at Hong Kong Auction**	
	日本産ウイスキーに719万香港ドル、香港で競売	
2019/9/13	**Yahoo Japan to Buy ZOZO for ¥400 B**	
	ヤフーがZOZO買収へ、4千億円	

2019/10/2	**Japan Raises Consumption Tax to 10%** 日本、消費税10％に引き上げ	
2019/11/8	**Snow Crab Fetches Record 5 Million Yen in Japan** 日本：ズワイガニが最高値500万円	
2019/11/20	**Yahoo Japan and LINE Are Merging** ヤフージャパンとLINEが経営統合	
2020/4/22	**US Oil Prices Turn Negative for First Time in History** 米原油価格、史上初のマイナスに	
2020/5/19	**Michael Jordan's Sneakers Fetched $560,000** マイケル・ジョーダンさんのシューズ、56万ドルで落札	
2020/6/26	**Olympus to Exit Camera Business** オリンパス、カメラ事業から撤退	
2020/7/29	**JAL to Log Record ¥120 B Quarterly Loss** JAL四半期損失、過去最大の1200億円	
2020/9/3	**Australia Enters into First Recession for Nearly 30 Years** 豪州が景気後退入り、ほぼ30年ぶり	
2020/9/15	**Louis Vuitton to Sell Luxury Face Shields** ルイ・ヴィトン、高級フェイスシールド発売へ	
2020/11/30	**Tokyo Olympics Organizers Estimate Games Postponement Cost $1.9 billion** 東京五輪の延期経費は19億ドル、組織委が試算	
2020/12/4	**Japan May Ban Sales of New Gasoline Cars in Mid-2030s** 日本、2030年代半ばにガソリン車新車販売禁止か	
2020/12/29	**China's Economy to Overtake US as No.1 'by 2028'** 中国経済、"2028年までに"米国抜き世界一に	

2021/2/5	**Jeff Bezos to Step Down as Amazon CEO** ジェフ・ベゾス氏、アマゾンCEO退任へ
2021/2/16	**Japan's Economy Shrinks 4.8% in 2020** 2020年の日本経済、4.8％縮小
2021/2/17	**Nikkei Tops 30,000 for 1st Time in 30 Years** 日経平均3万円超え、30年ぶり
2021/3/15	**Bitcoin Surpasses $60,000 for First Time** ビットコイン、初の6万ドル突破
2021/4/22	**SoftBank Set for Record 4.5 Trillion Yen Net Profit** ソフトバンク、純利益が過去最高の4.5兆円か
2021/4/28	**Kanye West's Nike Sneakers Fetch Record $1.8M** カニエ・ウェストのナイキ・スニーカー、過去最高の180万ドルで落札
2021/5/6	**Bill and Melinda Gates Divorce after 27 Years of Marriage** ビル・ゲイツ夫妻が離婚、結婚27年
2021/5/12	**Elon Musk Reveals He Has Asperger's on US TV Show** イーロン・マスク氏、TV番組でアスペルガー症候群だと明かす
2021/6/16	**11-minute Spaceflight with Jeff Bezos Sells for $28 Million** ジェフ・ベゾス氏と11分間の宇宙飛行、2800万ドルで落札
2021/10/5	**Pandora Papers: Secret Wealth of World Leaders Exposed** パンドラ文書:世界の首脳らの秘匿財産が明らかに
2021/12/16	**Time Magazine Picks Elon Musk as 2021 Person of the Year** タイム誌「2021年今年の人」にイーロン・マスク氏
2021/12/24	**Japan Hit by 'Potato Shock'** 日本で「ポテトショック」

"Super Car Vending Machine" Attracts Tourists in Singapore

A futuristic 15-story glassed-in car showroom became the latest tourist attraction in Singapore. The so called "Super car vending machine" displays luxury vehicles, such as Bentleys, Ferraris, and Lamborghinis.

May19,2017

CHECK! ▐▐▐▐▶

- [ ] **vending machine** … 自動販売機
- [ ] **attract tourists** … 観光客を引き寄せる→観光客に人気である
- [ ] **futuristic** [fjùːtʃərístɪk] … 未来的な
- [ ] **_-story** … __階建ての
- [ ] **glassed-in** … ガラス張りの
- [ ] **tourist attraction** … 観光名所
- [ ] **so called** … 〜と呼ばれる
- [ ] **luxury vehicle** … 高級自動車

訳出のポイント

- vend はもともと、街頭などで(花や果物などを)「売る」「〜を売り歩く」「〜の行商をする」という動詞。ここから、vending machine は「売る機械」→「自動販売機」の意味になります。
- tourist attraction は直訳すると「観光客を引きつけるもの」。つまり「観光名所」ですね。そして the latest は「最新の」なので、became the latest tourist attraction で「最新の観光名所になった」「最新の観光名所になっている」というわけです。

経済

「シンガポールの『スーパーカーの自販機』、観光客に人気」

15階建てでガラス張りの未来的な自動車ショールームが、シンガポールで最新の観光名所となっている。「スーパーカーの自販機」と呼ばれるこのショールームでは、ベントレー、フェラーリ、ランボルギーニなどの高級車が陳列されている。

2017年5月19日

今日のポイント

「物語」を指す名詞 story、建物の「階数」も指す

story は「物語」という意味でおなじみの名詞ですが、建物の「階」に当たる語でもあります。ヨーロッパの中世建築では各階の区別を示すために、装飾として窓にそれぞれ異なった歴史物語を描いていたことがその語源だそうです。 _ story で「__階建ての」という言い方になります。
したがって、本文頭の A futuristic 15-story glassed-in car showroom は「15階建てでガラス張りの未来的な自動車ショールーム」ということです。

Amazon Share Tops $1,000 for First Time

Amazon's stock rose above $1,000 for the first time on Tuesday. The online retail giant now is the fourth-largest US company by market capitalization with about $478 billion, behind Apple, Google owner Alphabet, and Microsoft.

Jun1,2017

CHECK! ▶

- share [ʃéər] (=stock) … 株
- top [tá:p] … 〜を超える
- online retail giant … オンライン小売大手
- market capitalization … 時価総額
- behind [bɪhàɪnd] … 〜の後に続いて

訳出のポイント

- stock そして share は、ともに「株」「株式」の意で頻出です。
- market capitalization は market cap とも略されますが「時価総額」という意。通常は"株価に発行済み株式数をかけた値"になります。

経済

対訳

「アマゾン株、初の1千ドル超え」

火曜日にオンライン小売大手のアマゾンの株が、1千ドルを初めて突破した。同社の時価総額は約4780億ドル（約53兆円）で、アップル、グーグルの親会社アルファベット、そしてマイクロソフトに次ぎ、米企業第4位となった。

2017年6月1日

名詞としておなじみのtop、動詞の意味もチェック

「頂上」「トップ」という名詞としておなじみのtop。今日のタイトルでは「～の頂上に登る」→「～を超える」という動詞として使われているので注意しましょう。
tops $1,000で「1千ドルを超える」ということです。また、本文ではrose above $1,000「1千ドルの上に上昇する」→「1千ドルを突破する」という表現で言い換えてありますね。

World's Most Expensive Scotch Turned out to Be a Fake

A glass of vintage Scotch whisky, bought by a Chinese millionaire in a Swiss hotel bar for 9,999 Swiss Francs, has been exposed as a fake.

Nov7,2017

CHECK! ▶

- [ ] **turn out to be** … 〜だと判明する
- [ ] **fake** [féɪk] … 偽物
- [ ] **a glass of vintage Scotch** … １杯の年代物スコッチ（ウイスキー）
- [ ] **reputed to be** … 〜だと評判である
- [ ] **Swiss Franc** …【貨幣単位】スイスフラン
- [ ] **be exposed as** … 〜だと露見する

≡ 訳出のポイント

- Scotch は「スコットランド人（の）」「スコットランド語（の）」。日本語でも「スコッチ」と略すのと同様、Scotch whiskey「スコッチ・ウイスキー」の省略形としてもしばしば使われます。
- 動詞 expose はもともと、人・物を風雨・危険・批評などに「さらす」の意。ここから、人・物事などの犯罪・欠点・悪いことなどを「暴く」「暴露する」「すっぱ抜く」という意味でも頻出となっています。今日の場合は (be) exposed as 〜で「〜だと暴露される」「〜だと露見する」「〜だとばれる」ということです。つまり、has been exposed as a fake で「偽物だとばれた」「偽物だと露見した」となっています。

経済

「世界最高額のスコッチ、偽物と判明」

スイスのホテルにあるバーで、中国人富豪が1杯に9,999スイスフラン(約114万円)支払った年代物のスコッチウイスキーが、偽物であることが露見した。

2017年11月7日

今日の
ポイント

turn out to be ~
「~であるということがわかる」

turn out は「(結果的に) ~になる」「~だということがわかる」という句動詞。ここから、turn out to be ~で「~であるということがわかる」→「~という結果になる」「~だと判明する」という言い方になります。そこで、turn out to be fake で「偽物であることがわかる」「偽物だと判明する」というわけです。

Nikkei Average Jumps to 26-year High

Japan's Nikkei Stock Average marked its highest close since January 1992 on Tuesday, fueled by strong corporate earnings.

Nov9,2017

CHECK! ▶

- [ ] **Nikkei (Stock) Average** … 日経平均株価
- [ ] **mark highest close** … 最高の終値を記録する→終値の最高値を更新する
- [ ] **fueled by** … 〜に支えられて
- [ ] **strong corporate earnings** … 堅調な企業業績

≡ 訳出のポイント

- Nikkei Stock Average「日経平均株価」は、日本を代表する225銘柄の上場株式の平均株価。日本の代表的な株価指標として広く知られていますね。Nikkei Average「日経平均」、Nikkei 225「日経225」とも呼ばれます。

- close はもともと、「閉じる」「閉める」という動詞。「終える」「締めくくる」の意味でも使われ、証券用語では通貨・株価について close at __ 「(値が) __ で終わる」という言い方が一般的です。ここから、株式取引所の「終値」という名詞にもなっているので要注意です。closing price という表現もあり、こちらの方が文字通り「終値」を指すわけですが、close の方が字数が少ないこともあって、新聞記事などの報道では断然こちらが好まれる傾向があります。mark the highest close、あるいは mark one's highest close で「最も高い終値を記録する」→「(最高) 終値を更新する」という言い方になります。

経済

対訳

「日経平均、26 年ぶりの高値」

火曜日の日経平均株価は堅調な企業業績に支えられ、終値で 1992 年 1 月以来の最高値を更新した。

2017 年 11 月 9 日

「(株価などが) 急騰する」場面で使われる jump

jump は「跳ぶ」「飛び跳ねる」という動詞。ここから、数量・金額などが「跳ね上がる」→「急上昇する」「急増する」という意味でも頻出です。英字新聞では、株価などが「急騰する」場面で登場することが多い語となっています。_-year high は「過去__年間の最高値」なので、タイトルの jumps to 26-year high は「過去 26 年間の最高値に跳ね上がる」→「26 年ぶりの高値となる」ということです。

Bitcoin Surpasses $10,000

The value of one bitcoin has reached $10,000 for the first time on Tuesday, rising more than 10-fold since the start of this year.

Nov30,2017

CHECK!

- surpass [səːrpǽs] … ～を超える
- value [vǽljuː] … 価格
- rise _fold … __倍になる

訳出のポイント

- bitcoin「ビットコイン」は virtual currency「仮想通貨」、cryptocurrency「暗号通貨」、あるいは digital currency「デジタル通貨」のひとつ。今日は、その value「価値、価格」が初めて1万ドル（約111万円）を超えたというニュースです。
- surpass はもともと、量・程度・能力などで「～に勝る」「～をしのぐ」という動詞。ここから、範囲・限界・数量などにおいて「～を超える」「～を越える」の意味でも頻出の単語となっています。今日のタイトルでは Bitcoin Surpasses $10,000 なので、「ビットコインが1万ドルを超える」→「ビットコイン（の価格）が1万ドルを突破する」というわけです。

経済

対訳

「ビットコイン、1万ドル突破」

火曜日に、ビットコインの価格が初めて1万ドル（約111万円）を突破し、年初来10倍強となった。

2017年11月30日

rise _fold
「__倍に増える」「__倍になる」

foldは元来、「折り重なる」「折りたたむ」という動詞。ここから、_foldは「__回折りたたんだ」→「__重に折った」→「__倍の」「__重の」という意味になります。rise _foldで「__倍に増える」「__倍になる」という言い方です。
したがって、文末のrising more than 10-fold since the start of this yearの部分は「今年の初めから10倍以上になる」→「年初来10倍強となる」となっています。

Rakuten Aims to Become Japan's Fourth Major Mobile Carrier

Rakuten, Japan's online retailing giant, is aiming to capture a slice of the wireless spectrum, gearing up to cut into the country's mobile carrier oligopoly.　　　Dec15,2017

CHECK! ▶

- [ ] **aim to V** …〜することを狙う
- [ ] **mobile carrier** …携帯電話（通信）会社
- [ ] **capture a slice of wireless spectrum** …（携帯電話用）無線電波の割り当てを取得する
- [ ] **gear up** …準備をする　　[ ] **cut into** …〜に割り込む
- [ ] **oligopoly** [ὰːləgá:pəli] …寡占

≡ 訳出のポイント

- aim は「ねらう」という動詞。aim to V で「〜することを狙う」「〜することを目指す」という言い方になります。
- oligopoly は少数の売り手による市場支配を意味する経済用語で、「寡占（市場）」「少数独占（市場）」。単一の売り手による市場支配を意味する monopoly「独占（市場）」「占有（市場）」とともに、確認しておきたい単語です。文末の the country's mobile carrier oligopoly は「その国（＝日本）の携帯電話通信の寡占市場」の意。cut into 〜が「〜に割り込む」なので、cut into the country's mobile carrier oligopoly で「日本の携帯電話通信の寡占市場に割り込む」→「少数企業が寡占する（日本）国内の携帯電話通信市場に割り込む」というわけです。

経済

「楽天、日本第4の主要携帯電話会社を狙う」

日本のオンライン小売大手の楽天が、携帯電話用の無線電波の割り当て取得を目指し、少数企業が寡占する国内の携帯電話通信市場への割り込みに備えている。

2017年12月15日

今日のポイント

carrier「運ぶ人、運搬人」は業者、会社を指すことも多い

「運ぶ」「運搬する」という動詞carryに「〜する人・もの」という接尾辞-erがついたcarrierは「運ぶ人」「運搬人」。業者、会社を指すことも多く、その場合は"もの"を運ぶ「運送業者」「運輸会社」に加えて、"電波"など通信手段を運ぶ「通信会社」「電気通信事業者」に対しても用いられます。
そこで、mobile (phone) carrierは「携帯電話会社」「携帯電話通信会社」ということです。

Japan's Jobless Rate Falls to 24-year Low

Japan's unemployment rate fell to 2.7 percent in November, the lowest in 24 years, according to a labor force survey by the Ministry of Internal Affairs and Communications.

Dec28,2017

CHECK! ▶

- [ ] jobless (unemployment) rate … 失業率
- [ ] fall to … ～に下がる、～まで下がる
- [ ] labor force survey … 労働力調査
- [ ] Ministry of Internal Affairs and Communications … 【日本】総務省

訳出のポイント

- job「仕事」の後ろに「～のない」という接尾辞 -less がついた jobless は「仕事がない」「失業者の」。したがって jobless rate で「失業率」ということです。一方、本文で使われている unemployment は、「雇用」「雇われること」という意味の名詞 employment の前に否定の接頭辞 un- が加えられた形なので、「雇用されていないこと」→「失業」ということです。
- 総務省が発表した労働力調査によると、2017年11月の完全失業率（total unemployment rate）は前月比0.1ポイント低下の2.7%で、1993年11月以来24年ぶりの低水準となりました。同省によると「幅広い産業で就業者が増加しており、雇用情勢は確実に改善している」ということです。

経済

対訳

「日本の失業率、24年ぶり低水準に」

総務省の労働力調査によると、11月の日本の失業率は2.7％に下がり、24年ぶりの最低水準となった。

2017年12月28日

TODAY'S POINT
今日のポイント

頻出表現! (a) _year low 「＿年ぶりの低水準」

lowは「低い」という形容詞としておなじみの単語ですね。英字新聞では「低い位置」「低い程度」「低い水準」「低い値」という名詞としてもしばしば登場するので、注意しましょう。

とりわけ (a) _year low「＿年ぶりの低水準」という形は頻出です。また、この形は year を month などに変えたり、low を high に置き換えるなど、広く応用できる表現でもあります。a _month high「＿ヶ月ぶりの高水準」という具合です。

今日のタイトルでは falls to (a) 24-year low で「24年ぶりの低水準に下がる」となっています。そして、本文では (fell to) the lowest in 24 years なので、「24年間で最低水準まで下がった」というわけです。

Apple Moves Closer to $1,000,000,000,000

Apple is within striking distance of becoming the world's first trillion-dollar-company after it posted the highest ever sales and net earning in the second quarter. The tech giant is currently worth about $935 billion.

Aug2,2018

CHECK!

- **move closer to** … ～により近づく
- **within striking distance of** … ～射程内、～に迫って
- **trillion-dollar-company** … 1兆円企業
- **post** [póust] … ～を計上する
- **net earning** … 純利益
- **second quarter** … 第2四半期→4－6月期
- **be currently worth** … 時価総額が～である

訳出のポイント

- move close to ～は「～の近くに動く」→「～に近づく」。close の比較級 closer を用いた move closer to ～だと「～により近づく」→「～にさらに近づく」という言い方になります。
- striking distance は「攻撃（襲撃）可能な距離」「砲撃距離」。within striking distance of ～で「～への砲撃距離内に」→「～のすぐ近くに」「～に迫って」という表現です。そこで、Apple is within striking distance of becoming the world's first trillion-dollar-company の部分は「アップルは、世界初の1兆ドル企業になることがすぐ近くに迫っている」→「アップルは、世界初の1兆ドル企業達成の目前である」ということです。

経済

対訳

「アップル、1兆ドル企業へ前進」

テクノロジー大手のアップルが4－6月期に売上・純利益ともに過去最高額を計上し、世界初の時価1兆ドル企業誕生が目前に迫ってきた。同社の時価総額は約9350億ドル（約104兆8千億円）である。

2018年8月2日

今日のポイント

worth を使った「時価総額が~である」という表現

worth は「~の価値がある」「~に値する」という形容詞。be currently worth ~だと「現在~の価値がある」ということです。特に、企業についてでは「時価総額が~である」に当たる表現になるので、しっかり確認しておきましょう。

Japan Has the Strongest Passport in the World

The Japanese passport, which allows visa-free entry to 190 countries and territories, became the most powerful in the world, according to the latest version of the 2018 Henley Passport Index Ranking.

Oct 11, 2018

CHECK!

- [ ] **allow** [əláu] … 〜を許す、〜を可能にする
- [ ] **visa-free entry** … ビザなしでの入国、渡航
- [ ] **territory** [térətɔ̀:ri] … 地域
- [ ] **(the) latest version** … 最新版

訳出のポイント

- タイトルの the strongest passport in the world は「世界で最も強いパスポート」→「世界最強のパスポート」。Henley Passport Index Ranking は英国ロンドンに拠点を持つ Henley and Partners 社がまとめているもの。ビザなしで渡航できる国や地域の数を比較して、各国のパスポートのランク付けをしています。
- version は「〜型」「〜版」の意。the latest version で「最新版」ということです。

経済

対訳

「日本のパスポートが世界最強に」

2018年版ヘンリー・パスポート・インデックス・ランキングの最新版によると、190の国や地域にビザなしで渡航できる日本のパスポートが、世界最強になった。

2018年10月11日

今日のポイント

_countries and territories 「__の国や地域」

territory はもともと「領土」「領地」を意味する名詞。「地域」「地方」を指す単語としても頻出です。_countries and territories「__の国および地域」「__の国や地域」は決まった言い方なので、このまま覚えておくとよいでしょう。

Marie Antoinette's Jewelry Available at Auction

On November 14, Sotheby's will be managing an auction of prized jewelry once owned by Marie Antoinette, the last queen of France. Kept undisclosed since being smuggled out of France in the revolution, the collection will be making a public exhibit tour before its auction.

Oct18,2018

CHECK! ▶

- [ ] **jewelry** [dʒúːəlri] … 宝飾品
- [ ] **auction** [ɔ́ːkʃən] … 競売、オークション
- [ ] **undisclosed** [ʌ̀ndɪsklóuzd] … 未公開
- [ ] **smuggle** … 密輸
- [ ] **exhibit** [ɪgzíbɪt] … 展示

≡ 訳出のポイント

- 未来形 will はよく使われますが、今回は、will be ～ ing という形で登場。will は「一般的な未来での出来事」を表すのに対し、will be ～ ing は「特定の未来での出来事」を表します。「～することになっている」「～する予定だ」といった感じです。
- Kept undisclosed since ～の文は過去分詞で始まっています。これは「分詞構文」といいます。分詞が文頭に出て、接続詞と動詞を兼ね備えた意味を持つ副詞句として用いられるものです。基本的には「接続詞＋主語＋動詞」（副詞節）に置き換えることができます。この副詞節から接続詞と主語を省略して、動詞を分詞の形にすれば分詞構文になるというわけです。

経済

「マリー・アントワネットの宝飾品が競売に」

11月14日、フランス最後の女王マリー・アントワネットが所有した宝飾品が、サザビーズ社によって競売にかけられる。フランス革命の際に国外へ密輸された後、未公開のままだったが、競売の前に一般公開の展示ツアーが行われる予定だ。

2018年10月18日

今日のポイント

意味が多い単語 available

availableは「入手できる」「得られる」という意味。この単語は英字新聞だけではなく、日常の中でもよく使われます。そしてとても意味が多い単語でもありますが、基本として「利用できる」という風に覚えておけば、どんなシチュエーションでも意味は把握できると思います。

例えば、物に対して使用する場合、Is this seat available?「この席は空いていますか?」。人に対して使用する場合、Are you available tomorrow night?「明日の夜空いていますか?」というような感じです。

「利用できる」「利用可能」と覚えておけば、日本語としてはそのまま使用すると不自然でも、意味はなんとなくわかるのではないかと思います。

Alibaba Sets New Singles Day Sales Record

Chinese Internet shopping giant Alibaba has set a new sales record, racking up 213.5 billion yuan for the annual Singles Day sale.

Nov13,2018

CHECK! ▶

- [ ] **set a new record** … 新記録を樹立する
- [ ] **Singles Day** …【中国】独身の日
- [ ] **Internet shopping giant** … ネット通販大手
- [ ] **rack up** …（利益、売り上げを）得る、獲得する
- [ ] **yuan** [juá:n] …【中国】元
- [ ] **annual** [ǽnjuəl] … 年に１度の、毎年恒例の

≡ 訳出のポイント

- 「巨人」という意味でおなじみの名詞 giant は、人の場合は「巨匠」「大物」、会社の場合は「巨大企業」「大手（企業）」、あるいは国に関して「大国」「強国」という意味にも用います。今日の場合は、Chinese Internet shopping giant で「中国のネット通販大手（企業）」となっています。

- 11月11日は、中国では「独身の日」。数字の"1"が連続しているのが由来ですね。中国語で「独身者」は"光棍（こうこん）"ということから「光棍節」とも言います。この日には独身者同士が集まってパーティーを開いたり、結婚相手を探すイベントが開かれたりと様々な活動が行われるそうです。贈り物をすることも流行していて、そこに目をつけたアリババが毎年11月11日に大きなセールを始めたことから、各通販大手が一斉に大規模販促イベントを行うようになっています。

経済

対訳

「アリババ、『独身の日』の売上新記録」

中国のネット通販大手のアリババは、毎年恒例の「独身の日」セールで、2135億元（約3兆4900億円）を売り上げ、これまでの最高額を更新した。

2018年11月13日

今日のポイント

「（利益、売り上げなどを）得る、あげる」を指す句動詞

rack upは利益や売り上げなどを「得る」「あげる」「獲得する」という句動詞。そこで、本文後半のracking up以下は「毎年恒例の『独身の日』セールで、2135億元（の売り上げ）を獲得し」→「毎年恒例の『独身の日』セールで、2135億元を売り上げ」というわけですね。

Japan Launches ¥1,000 Departure Tax

Japan on Monday started levying the International Tourist Tax of 1,000 yen for each person leaving the country regardless of nationality.

Jan8,2019

CHECK! ▶

- **departure tax** … 出国税
- **levy** [lévi] … 〜を課す、徴収する
- **International Tourist Tax** …【日本】国際観光旅客税
- **leave the country** … 国を出る→出国する
- **regardless of nationality** … 国籍を問わず

≡ 訳出のポイント

- levy の語源は「金を集めた」という意味の古仏語 levee。ここから、税金、罰金、寄付金などの「取り立て」「徴収」、転じて「税金」「関税」「罰金」「徴収金（額）」などを意味する名詞となっています。今日の場合は、税金などを「徴収する」「課す」という動詞として登場しており、started levying the International Tourist Tax で「国際観光旅客税を徴収することを開始した」→「国際観光旅客税の徴収を開始した」ということですね。

- regardless は「〜にかかわらず」「〜に関係なく」という副詞。regardless of nationality は「国籍に関係なく」→「国籍を問わず」ということですね。そこで、本文後半の for each person leaving the country regardless of nationality の部分は「国籍には関係なく出国する各人に対して」→「国籍を問わず出国する全ての人に対して」となっています。

経済

対訳

「日本、出国税1千円の適用開始」

日本は月曜日、国籍を問わず出国する全ての人に対して、1千円の国際観光旅客税の徴収を開始した。

2019年1月8日

一般名詞か固有名詞か、theの有無に注意

departureは「立ち去ること」「出発」という名詞。departure lounge「出発ロビー」など、空港で見かけることが多い英単語ですね。今日の場合は、「(海外に向けての)出発」→「出国」という意味で使われています。departure taxで「出国税」ということです。このdeparture taxが「出国税」、すなわち"出国に際し、滞在(居住)国に支払う税金"を意味するgeneral noun「一般名詞」なのに対して、本文で登場しているInternational Tourist Tax「国際観光旅客税」は、日本が1月7日から適用を開始した"出国税"の正式名称であり、proper noun「固有名詞」です。そこで、前には冠詞theが付いているわけです。

Japan Resumes Commercial Whaling after 31-year-Hiatus

Japanese whaling vessels set sail for the country's first commercial hunt in 31 years on Monday, a day after Japan formally withdrew from the International Whaling Commission.

Jul2,2019

CHECK! ▶

- [ ] **resume** [rɪz(j)úːm] … 〜を再開する
- [ ] **commercial whaling** … 商業捕鯨
- [ ] **hiatus** [haɪéɪtəs] … 中断、休止
- [ ] **whaling vessel** … 捕鯨船
- [ ] **set sail** … 出航する
- [ ] **formally withdraw from** … 〜から正式に脱退する
- [ ] **International Whaling Commission** … 国際捕鯨委員会

≡ 訳出のポイント

- whale は「鯨（クジラ）」という名詞ですが、「捕鯨する」「捕鯨に従事する」という動詞としても用いられます。そして、その動詞 whale の現在分詞が名詞化した whaling は「捕鯨」「捕鯨業」の意味になります。commercial whaling は「商業捕鯨」、whaling vessel だと「捕鯨船」ということですね。
- hiatus はもともと「すき間」「割れ目」の意。ここから、交渉、仕事、活動などの「中断」「休止」という意味でも使われます。そこで、タイトルの after 31-year-hiatus は「31年間の中断の後で」。タイトル全体では「日本が、31年間の中断の後で、商業捕鯨を再開する」→「日本が31年ぶりに商業捕鯨を再開する」というわけです。

経済

☰ 対訳

「日本が商業捕鯨を再開、31年ぶり」

日本が国際捕鯨委員会から正式に脱退した翌日の月曜日、同国の捕鯨船が31年ぶりに商業捕鯨のために出航した。

2019年7月2日

「撤退する」「脱退する」という意味でよく登場する withdraw

withdraw は「引っ込める」「取り消す」、あるいは「退く」という意味で頻出の動詞ですね。英字新聞では軍隊などが「撤退する」、あるいは団体、組織、活動などから「脱退する」という意味でよく登場しています。

今日の場合も、formally withdrew from the International Whaling Commission で「国際捕鯨委員会から正式に脱退した」ということです。

Apollo 11 Moon-landing Videotapes Sell for $1.82 Million at Auction

While people celebrated the 50th anniversary of the Apollo 11 moon-landing on Saturday, three original NASA videotapes of the event were auctioned off for a staggering $1.82 million.

Jul22,2019

CHECK! ▌▌▌▌▶

- [ ] **celebrate the _th anniversary** … __周年を祝う
- [ ] **moon-landing** … 月面着陸
- [ ] **sell for $_ at auction (=be auctioned off for $_)** … 競売で__ドルで落札される
- [ ] **staggering** [stǽgəriŋ] … 信じられないほどの

訳出のポイント

- 「陸」「陸地」「土地」などの意味の名詞としておなじみの land。「上陸する」「着陸する」という動詞としてもしばしば登場しています。そして、この動詞 land の現在分詞が名詞化した landing は「上陸」「着陸」ですね。今日の場合は moon-landing で「月への着陸」→「月面着陸」となっています。
- sell for $_ at auction は「競売で__ドルで売れる」→「競売にかけられて、__ドルで落札される」という言い方。また、auction off for $_ だと「〜を競売にかけて__ドルで売る」なので、その受動態 be auctioned off for $_ で「〜が競売にかけられて__ドルで売られる」→「〜が競売にかけられて__ドルで落札された」というわけです。

経済

≡　　　　　　　対訳

「アポロ 11 号月面着陸のビデオテープ、182 万ドルで落札」

人々がアポロ 11 号月面着陸の 50 周年を祝った土曜日、月面着陸を記録した米航空宇宙局のビデオテープ原本 3 本が競売にかけられ、驚きの 182 万ドル（約 1 億 9600 万円）で落札された。

2019 年 7 月 22 日

TODAY'S POINT
今日のポイント

数量が膨大であることを示す形容詞 staggering

stagger は「よろめく」「ふらつく」という動詞。ここから、staggering は「ふらついている」「よろめいている」という形容詞です。そしてさらに、「（人がふらつくほど）驚くような」「圧倒的な」や、特に数量が「信じられないほどの」「膨大な」という意味でも使われるようになっています。今日の場合は a staggering $1.82 million で「驚きの 182 万ドル」「驚くほど高額な 182 万ドル」ということですね。

Japanese Whisky Fetches HK$7.19M at Hong Kong Auction

A complete set of rare Japanese whisky, "Ichiro's Malt Cards Series" consisting of 54 bottles, has been sold for HK$7.19 million at an auction in Hong Kong. The sale set a new world record not just for the set but for any Japanese whisky so far auctioned.   Aug19,2019

CHECK! ▶

- [ ] **fetch $_ at (an) auction** … 競売で__ドルで落札される
- [ ] **a complete set** … 全部そろったセット
- [ ] **rare** [réər] … 珍しい、希少な
- [ ] **consist of** … 〜から成る、〜で構成される
- [ ] **set a new world record** … 世界新記録を樹立する
- [ ] **so far** … 今までのところ

訳出のポイント

- HK $ は Hong Kong dollars「香港ドル」の略。HK$7.19M = 7.19 million Hong Kong dollars「719万香港ドル」です。
- 今回オークションにかけられたのは、埼玉県のベンチャーウイスキー（肥土伊知郎社長）が発売した"イチローズモルト・カードシリーズ"。トランプにちなんだ名前が付けられた計54本のシリーズで、2005〜14年に順次発売されました。いずれも限定本数しか販売されておらず、一部のウイスキー愛好者から熱狂的な人気を集めています。ちなみに、シリーズ全54本がそろったセットは世界に4つしかないとされているそうです。

経済

対訳

「日本産ウイスキーに719万香港ドル、香港で競売」

"イチローズモルト・カードシリーズ"という計54本から成る、希少な日本産ウイスキーの完全セットが香港で競売にかけられ、719万香港ドル(約9750万円)で落札された。このシリーズだけではなく、日本産ウイスキーの競売落札価格として、世界新記録となった。

2019年8月19日

a complete set
「全てそろっているセット」

completeは「全部の」「全部ある」「そろっている」という形容詞。a complete setだと「全部そろっているセット」「完全セット」ということですね。シリーズものの本などについて「全てそろっているセット」を指して使われます。今日の場合は、計54本から成るウイスキーのシリーズの「完全セット」という意味で使われています。

Yahoo Japan to Buy ZOZO for ¥400 B

Yahoo Japan announced Thursday that it is making a tender offer, estimated at 400 billion yen, for ZOZO, an online fashion retailer started by celebrity tycoon Yusaku Maezawa.

Sep13,2019

CHECK! ▶▶▶▶▶

- [ ] **make a tender offer** … 株式公開買い付けを行う
- [ ] **(be) estimated at** … 〜と推定される、見積もられる
- [ ] **online fashion retailer** … オンライン衣料品小売→ファッション通販サイト
- [ ] **celebrity tycoon** … セレブ実業家

≡ 訳出のポイント

- (be) estimated at 〜は「〜だと推定される」「〜と見積もられる」。そこで、estimated at 400 billion yen の部分は、直前の a tender offer「株式公開買い付け」が「4千億円と推定される」、つまり「株式公開買い付けによる買収額が4千億円と推定される」ということですね。わかりやすいように、対訳ではこの部分を独立させて、第2文として訳しています。

- celebrity は「有名人」「著名人」「名士」を意味する名詞。単に名前が知られている（= famous）というよりは、芸能人などマスコミを通じて大衆に広く知られている人を指します。日本語でも「セレブ」として浸透していますね。tycoon は徳川将軍を指す日本語「大君」が語源。ここから実業界などの「大物（実力者）」「大御所」を意味する名詞となっています。よって celebrity tycoon で「セレブ（大物）実業家」というわけです。

経済

「ヤフーがZOZO買収へ、4千億円」

ヤフージャパンは木曜日、セレブ実業家の前澤友作氏が創業した衣料品小売りZOZOに対し、株式公開買い付けを実施すると発表した。買収額は4千億円と推定される。

2019年9月13日

米国で使われる株式用語 tender offer

tender offer は主に米国で使われる株式用語で「株式公開買い付け」。企業の経営権を獲得するために、期間、株数、価格を公開提示して、不特定多数の株主から株式を買い取る制度ですね。英国では takeover bid という表現が一般的で、ここから日本でも、その略である TOB という言い方が浸透していますね。

今日の場合は、make a tender offer で「株式公開買い付けを行う」ということです。

Japan Raises Consumption Tax to 10%

Japan increased its consumption tax from 8% to 10% on Tuesday despite concerns over how it may affect its already wobbly economy.

Oct2,2019

CHECK! ▶

- **raise** [réɪz] (=increase) … 〜を上げる
- **consumption tax** … 消費税
- **despite concerns over** … 〜についての懸念にもかかわらず
- **affect** [əfékt] … 〜に影響を与える
- **wobbly economy** … 不安定な経済

≡ 訳出のポイント

- raise は「〜を上げる」「〜を持ち上げる」「〜を高くする」という動詞。また increase の方は「〜を増やす」「〜を上げる」という意。したがって raise consumption tax および increase consumption tax は「消費税を上げる」→「消費税を引き上げる」と訳せるわけです。

- wobbly は「ふらつく」「ぐらつく」「不安定な」という形容詞。already wobbly economy で「すでに不安定な経済」となります。本文後半の despite 以下は「それ（=増税）が、すでに不安定なその（=日本の）経済にどのような影響をおよぼすのかという懸念にもかかわらず」。本文全体だと「その増税が、すでに不安定な国内経済にどのような影響をおよぼすのかという懸念があるのにもかかわらず、日本は火曜日に消費税を 8% から 10% に引き上げた」となっています。

経済

対訳

「日本、消費税 10%に引き上げ」

日本は火曜日、消費税を 8% から 10% に引き上げたものの、この増税が、すでに不安定な国内経済にどのような影響をおよぼすのか懸念される。

2019 年 10 月 2 日

日本の consumption tax と 米国の sales tax

consumption は「消費」「消費高（量）」。consumption tax は日本の「消費税」の英訳になります。ちなみに、米国などにも同種の税金がありますが、sales tax という言い方が一般的です。直訳すると「売上税」「販売税」ですが、意味的には日本の「消費税」と同じですね。

Snow Crab Fetches Record 5 Million Yen in Japan

A snow crab caught in the Sea of Japan fetched record price of 5 million yen ($46,000) at the season's first auction in Tottori, western Japan, on Thursday.

Nov8,2019

CHECK! ▶▶▶▶

- [ ] **snow crab** … ズワイガニ
- [ ] **fetch** [fétʃ] … 〜で競り落とされる
- [ ] **record** [rékərd] … 最高記録の
- [ ] **Sea of Japan** … 日本海
- [ ] **season's first auction** … 今季の初競り

訳出のポイント

- crab は「カニ」。snow crab だと「ズワイガニ」のことになります。
- 日本海の冬の味覚、ズワイガニの漁が6日解禁となり、7日には鳥取港で初競りが行われました。鳥取県の最高品質ブランド「五輝星（いつきぼし）」に認定された松葉ガニ（山陰地方で水揚げされたズワイガニの雄）が1杯500万円で落札されたというニュースです。昨年の初競りの最高値は1杯200万円で、「競りで落札された最も高額なカニ」としてギネス世界記録に認定されました。それを大幅に上回る今年の最高値に、関係者らは「おそらく世界最高を更新した。ギネス申請を検討する」としています。

経済

| 対訳 |

「日本：ズワイガニが最高値500万円」

日本海で漁獲されたズワイガニが、木曜日に西日本の鳥取市で行われた今季の初競りで、史上最高値の500万円（4万6千ドル）で競り落とされた。

2019年11月8日

今日のポイント

recordの形容詞的な使われ方

recordは「記録」という名詞としておなじみですね。ここから、形容詞的に「記録的な」「最高（記録）の」といった意味合いでもしばしば使われます。そこで、タイトルのrecord 5 million yenは「これまでで最高の500万円」。本文のrecord price of 5 million yenも「これまでで最高値の500万円」→「史上最高値の500万円」となっています。

Yahoo Japan and LINE Are Merging

Yahoo Japan's operator Z Holdings and LINE said on Monday that they have reached a basic merger agreement to take on U.S. and Chinese internet behemoths. Nov20,2019

CHECK! ▶

- [ ] merge [mə́:rdʒ] … 合併する、経営統合する
- [ ] operator [á:pərèɪtər] … 運営する会社
- [ ] reach a basic merger agreement … 経営統合で基本合意する
- [ ] take on … 〜に対抗する
- [ ] internet behemoth … 巨大インターネット企業

訳出のポイント

- merge は会社などが「合併する」「(経営) 統合する」という動詞。merger はその名詞形で、企業や組織の「合併」「統合」という意味になっています。operator は「運営する」「経営する」という動詞 operate に「〜する人」「〜するもの」という接尾辞 -er (or) が加わった語。つまり Yahoo Japan's operator Z Holdings は「ヤフージャパンを運営する (会社) であるZホールディングス」→「ヤフージャパンを運営するZホールディングス」ということですね。

- シニア層を中心に約6700万人の月間利用者を抱えるヤフーと、若者を軸に約8200万人の MAU (月間アクティブユーザー数) を持つ LINE。両社の強みを合わせ、弱点を補い合うことで「日本、アジアから世界をリードする AI テックカンパニーを目指す」といいます。

経済

対訳

「ヤフージャパンと LINE が経営統合」

ヤフージャパンを運営する Z ホールディングスと LINE は月曜日、米国および中国の巨大インターネット企業に対抗するために、経営統合で基本合意に達した、と発表した。

2019 年 11 月 20 日

ビジネスでは「巨大企業」を指す behemoth

behemoth は旧約聖書の「ヨブ記」に出てくる巨獣の「ビヒモス」「ベヘモット」。一説にはゾウ、あるいはカバのこととされています。ここから「巨大で(力があり)危険なもの(人)」という意味でも使われ、ビジネスでは「巨大企業」を指して用いられます。

そこで、U.S. and Chinese internet behemoths は「米国および中国の巨大インターネット企業」ということですね。

US Oil Prices Turn Negative for First Time in History

The price of US crude oil futures fell to the lowest-ever level on Monday at -$37.63 per barrel, as demand has dried up due to coronavirus lockdowns across the world.

Apr22,2020

CHECK!

- [ ] **(crude) oil price** … 原油価格
- [ ] **turn negative** … マイナスになる
- [ ] **crude oil futures** … 原油先物
- [ ] **fall to** … 〜へ下がる
- [ ] **lowest-ever level** … 過去最低の水準
- [ ] **demand** [dɪmænd] … 需要
- [ ] **dry up** … 枯渇する

訳出のポイント

- 「原油価格」は crude oil price ですが、日常的には oil price がよく使われています。
- future は「未来」「将来」。複数形の futures だと「先物（取引）」「先物（契約）」を指すので注意しましょう。ここでは、crude oil futures で「原油先物」となっています。

経済

対訳

「米原油価格、史上初のマイナスに」

世界中の新型コロナによるロックダウンに伴って石油の需要が枯渇する中、米国の原油先物価格は月曜日、過去最低水準の1バレル当たりマイナス37.63ドルに下落した。

2020年4月22日

形容詞 negative を使った頻出表現

形容詞 negative は「否定の」「否定的な」「打ち消しの」「悲観的な」などの意でおなじみですが、同時に「負の」「マイナスの」という意味でも頻出です。そこで turn negative は、ものの見方や態度などが「否定的になる」「悲観的になる」という意味のほか、数量、価格などが「マイナスになる」という意味でも使われる表現となっています。

今日のタイトルでは、US oil prices turn negative で「米原油価格がマイナスになる」ということですね。

Column 3　経済ニュースのあれこれ

●2021年2月17日
日経平均3万円超え、30年ぶり（164, 165ページ）
2021年2月15日、日経平均株価は3万84円15銭で大引け。約30年ぶりに3万円の大台を回復したという話題でした。

当時の為替は1ドル＝105円ほど。その後為替は、24年4月29日、34年ぶりに一時1ドル＝160円台に。日経平均株価は同年7月11日に初めて4万2千円台をつけました。

ところで、2009年3月に配信したメルマガの編集後記に、こんなことを書いていました。

> 連日バブル後最安値の更新です。
> もう7000円割れ（日経平均株価）は避けられないような勢いです。
> 　〜中略〜
> 為替の方も1ドル70円、1ドル60円なんて声がつい、今年の1月まではささやかれましたが、どうも円高については外れそうですね。。
> 実際今円安が進んで、1ドル98円〜99円までつけています。
> （メールマガジン「毎日1分！英字新聞」2009年3月10日配信分の編集後記より）

1ドル99円を円安と呼んでいます……。時代の移ろいを感じずにはいられません。

経済ニュースでよく見る単語・表現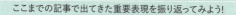

ここまでの記事で出てきた重要表現を振り返ってみよう!

☐ stock、share「株、株式」(P104-105)

☐ jump「(株価などが)急騰する」(P108-109)

☐ oligopoly「寡占(市場)、少数独占(市場)」(P112-113)
  ☐ monopoly「独占(市場)、占有(市場)」

☐ (a) _year low「__年ぶりの低水準」(P114-115)
  yearをmonthなどに変えたり、lowをhighに置き換えるなど
  広く応用できる表現です。
  ☐ a _month high「__ヶ月ぶりの高水準」

☐ _countries and territories「__の国や地域」(P118-119)

☐ tender offer「株式公開買い付け」(P132-133)
  主に米国で使われる株式用語。英国ではtakeover bidという
  表現が一般的。日本ではその略であるTOBという言い方が
  浸透しています。

☐ (複数形)futures「先物(取引)、先物(契約)」(P140-141)

Michael Jordan's Sneakers Fetched $560,000

Former NBA superstar Michael Jordan's autographed sneakers sold for a record $560,000 in an online auction.

May19,2020

CHECK! ▶

- [ ] **sneakers** … スニーカー、運動用のシューズ
- [ ] **fetch (=sell for) $_** … __ドルで落札される
- [ ] **autographed** [ɔ́:təgræft] … サイン入りの
- [ ] **record** [rékərd] … 記録的な→史上最高の
- [ ] **online auction** … ネットオークション

訳出のポイント

- autograph はもともと、有名人などによる記念のための「サイン」を意味する名詞。「サインをする」という動詞としても一般的です。autographed は動詞 autograph の過去分詞が形容詞化したもので、「サインをした」→「サイン入りの」という意味になっています。したがって autographed sneakers は、「サイン入りの(バスケット)シューズ」ということですね。
- 米プロで活躍した伝説のバスケットボール・プレーヤー、マイケル・ジョーダンさんが1985年に実際に試合で履いていたシューズ。オークション前の落札予想価格は15万ドルでしたが、蓋を開けてみるとその4倍近い値段がついた形で、スポーツシューズとしては史上最高の落札価格となりました。

経済

対訳

「マイケル・ジョーダンさんのシューズ、56万ドルで落札」

NBA（＝米プロバスケットボール）のスーパースターだったマイケル・ジョーダンさんのサイン入りシューズが、ネットオークションに出品され、史上最高額の56万ドル（約6千万円）で落札された。

2020年5月19日

日、米、英で表現が異なる「スニーカー」

日本語の「スニーカー」の語源である sneakers は米国で使われる表現で、「ゴム底の運動用の靴」を指します。また、tennis shoes も"テニス用のシューズ"だけを指すわけではなく、「スニーカー」「運動靴」全般を意味する言葉になっているので、注意しましょう。
ちなみに、英国ではこれらの表現はほぼ使われず、trainers という単語が一般的となっています。

Olympus to Exit Camera Business

Olympus announced that it is selling off its imaging business to a Japanese investment fund, ending its 84-year-history as one of the world's biggest camera brands.

Jun26,2020

CHECK! ▶

- [ ] **exit** [éksɪt] …【動詞】立ち去る
- [ ] **sell off** … 〜を売却する
- [ ] **investment fund** … 投資ファンド
- [ ] **end** [énd] …【動詞】〜を終わらせる

訳出のポイント

- exit は「出口」「退出口」、あるいは「出ていくこと」「退去」「退場」といった意味の名詞としておなじみですね。今日のタイトルでは「立ち去る」「退去する」「退場する」という動詞として登場しています。exit camera business で「カメラ事業から立ち去る」→「カメラ事業から撤退する」という意味になっているわけです。

- 「終わり」「終了」「最後」などの意を表す名詞 end は、「終わる」「〜を終わらせる」という動詞としても頻出です。本文の末尾部分では ending its 84-year-history as one of the world's biggest camera brands なので、「世界最大のカメラ・ブランドのひとつとしての、84年の歴史を終わらせる」。対訳ではこの部分を独立させて「(オリンパスという) 世界最大のカメラ・ブランドのひとつが、84年の歴史に幕を下ろすことになる」としています。

経済

「オリンパス、カメラ事業から撤退」

オリンパスが、自社の映像事業を国内投資ファンドに売却すると発表した。世界最大のカメラ・ブランドのひとつが、84年の歴史に幕を下ろすこととなる。

2020年6月26日

今日のポイント

「(株式、事業などを) 売却する」として頻出 sell off ~

sell off ~は「~を売り払う」という句動詞。英字新聞では株式、事業などを「売却する」という意味でも頻出の言い方です。そこで、it is selling off its imaging business to a Japanese investment fund の部分は「それ(=オリンパス)はその(=自社の)映像事業を日本の(=国内の)投資ファンドに売却する」→「自社の映像事業を国内投資ファンドに売却する」となっています。

ちなみに it is selling off の部分は、文法的には現在進行形ですが、"近い将来に起こること"を表現する未来形として一般的に使われるので、この点も注意しておきましょう。

JAL to Log Record ¥120 B Quarterly Loss

Japan Airlines is expected to report an operating loss of about 120 billion yen ($1.1 billion) for the April-June quarter due to a drastic decline in passenger demand during the coronavirus crisis.

Jul29,2020

CHECK! ▸

- [ ] **log (=record) ¥_** … __円を記録する→__円を計上する
- [ ] **quarterly loss** … 四半期損失
- [ ] **be expected to** … 〜する見込みである
- [ ] **operating loss** … 営業赤字
- [ ] **drastic decline** … 激減
- [ ] **passenger demand** … 旅客需要

≡ 訳出のポイント

- log はもともと、船の速度を測る「測程器」を意味し、ここから航海、航空、あるいは車の走行の「記録」「記録日誌」という意味で使われるようになりました。動詞としても「航海日誌に記録する」の意味から、数値などを「記録する」「計上する」という文脈でも用いられます。
- be expected to V は「〜することが予想(期待)される」→「〜する予定である」という言い方。日本語の「〜する見込みである」「〜する見通しである」に当たる表現と理解しておきましょう。

経済

対訳

「JAL 四半期損失、過去最大の1200億円」

日本航空は、新型コロナ危機における旅客需要の激減のため、4－6月期に約1200億円（11億ドル）の営業赤字を計上する見込みだという。

2020年7月29日

TODAY'S POINT
今日のポイント

drastic decline 「劇的な減少」
→「激減」「急減」

drasticは「激烈な」「極端な」「過激な」という形容詞。drastic declineで「劇的な減少」→「激減」「急減」ということですね。また、declineという名詞はその後ろに前置詞inを置いたdecline in ～という形で、「～における減少」→「～の減少」の意味になることにも注意してください。
そこで、a drastic decline in passenger demandは「旅客需要の激減」というわけです。

Australia Enters into First Recession for Nearly 30 Years

Australia has entered into its first recession in nearly 30 years, as it struggles to contain the spread of the coronavirus.

Sep3,2020

CHECK! ▶

- [ ] **enter into (a) recession** … 景気後退（の局面）に入る
- [ ] **nearly** [níərli] … ほぼ、だいたい
- [ ] **struggle** [strʌ́gl] … 奮闘する→苦戦する
- [ ] **contain** [kəntéɪn] … ～を封じ込める
- [ ] **spread of the coronavirus** … 新型コロナウイルス感染の拡大

≡ 訳出のポイント

● struggle はもともと、人・動物が自由になろうとして「もがく」「あがく」「ジタバタする」という意味の動詞。ここから、苦労して「闘う」「奮闘する」「努力する」という意味合いでもよく使われる単語となっています。したがって、本文後半の as it struggles to contain the spread of the coronavirus の部分は、「それ（＝オーストラリア）が、新型コロナウイルス感染の拡大を封じ込めようと（苦労して）闘う中で」→「オーストラリアが新型コロナウイルス感染拡大の封じ込めに苦戦する中で」。対訳では、この部分を主語のオーストラリアにかぶせる形で「新型コロナウイルス感染拡大の封じ込めに苦戦するオーストラリアが」と訳しています。

経済

対訳

「豪州が景気後退入り、ほぼ30年ぶり」

新型コロナウイルス感染拡大の封じ込めに苦戦するオーストラリアが、ほぼ30年ぶりに景気後退の局面に入った。

2020年9月3日

経済用語 recession を使った表現をチェック!

recession は経済用語で、一時的な「不景気」「景気後退」の意。通例、6ヶ月（＝2四半期）以上にわたって国民総生産がマイナスになったときを意味します。そして、enter into a recession で「景気後退に陥る」「景気後退の局面に入る」という言い方になっています。

そこで、enter into the first recession in nearly 30 years は「約30年で最初の景気後退に陥る」→「約30年ぶりに景気後退（局面）入りする」ということですね。

Louis Vuitton to Sell Luxury Face Shields

Louis Vuitton is releasing luxury face shields complete with their signature "LV" monogram and gold studs. It will hit the market on October 30th for $961.

Sep15,2020

CHECK! ▮▮▮▶

- [ ] **luxury face shield** … 高級フェイスシールド
- [ ] **release** [rɪlíːs] … 〜を発売する
- [ ] **complete with** … 〜を備えた→〜をあしらった
- [ ] **signature** [sígnətʃər] … 特徴的な
- [ ] **monogram** [mánəgræm] … モノグラム、組み合わせ文字
- [ ] **stud** [stʌ́d] … スタッド、飾り鋲（びょう）
- [ ] **hit the market** … 市場に出る→販売を開始する

≡ 訳出のポイント

- complete は「全部ある」「そろっている」「備わっている」という形容詞。名詞の後に complete with 〜 という形で、「〜が完備した」「〜が備わっている」「〜付きの」という言い方です。
- signature はもともと「署名（すること）」「サイン」という名詞。ここから、"その人やもの・組織・ブランドなどの、まるで名前が書かれているかのように、その特徴が明らかに現れている"という意味で、「特徴的な」を指す形容詞としても使われます。今日の場合は their signature "LV" monogram で「（ルイ・ヴィトンのものだということがひと目でわかる）特徴的な『LとV』のモノグラム」→「おなじみの『LとV』のモノグラム」ということですね。

経済

対訳

「ルイ・ヴィトン、高級フェイスシールド発売へ」

ルイ・ヴィトンが、おなじみの「LV」モノグラムとゴールドのスタッズをあしらった高級フェイスシールドを発売する。10月30日から961ドル（約10万2千円）で販売されるという。

2020年9月15日

lixurious と luxury、微妙なニュアンスの違い

luxury は「豪華さ」「贅沢（さ）」「快適な状態」という名詞。形容詞的に「豪華な」「贅沢な」→「高級な」というニュアンスでもしばしば使われます。同様の意味の形容詞は lixurious ですが、luxury の方が語調が強いため、広告などではこちらが多用される傾向となっています。今日の記事では、luxury face shield で「豪華なフェイスシールド」「高級フェイスシールド」ということですね。

Tokyo Olympics Organizers Estimate Games Postponement Cost $1.9 billion

The cost of the one-year postponement of the Tokyo Olympics is estimated to be about 200 billion yen ($1.9 billion), Japanese media reported on Sunday.

Nov30,2020

CHECK! ▶

- [ ] **Tokyo Olympics organizers** … 東京五輪主催者→東京五輪組織委員会
- [ ] **estimate A $_** … Aを__ドルと見積もる、試算する
- [ ] **postponement cost** … 延期経費
- [ ] **be estimated to be $_** … __ドルと試算される
- [ ] **report** [rɪpɔ́ːrt] … 【動詞】報道する、伝える

訳出のポイント

- postpone は「〜を延期する」「〜を後回しにする」という動詞。postponement はこの postpone から派生した名詞で、「延期」「後回し」「先送り」の意になります。そこで、postponement cost は「延期にかかる費用」「延期に伴う経費」ということですね。

- 本文冒頭の The cost of the one-year postponement of the Tokyo Olympics の部分は、「東京五輪の1年延期の経費」。対訳ではわかりやすいように「東京五輪が1年延期されたことに伴う経費」としています。

経済

対訳

「東京五輪の延期経費は19億ドル、組織委が試算」

東京五輪が1年延期されたことに伴う経費は約2千億円（19億ドル）と試算される。日本メディアが日曜日に伝えた。

2020年11月30日

estimate A $_ で
「Aを__ドルと見積もる」

estimateは「見積もる」「推定（推算・試算）する」という動詞。estimate A $_ で「Aを__ドルと見積もる」「Aを__ドルと試算する」という言い方になります。

ここではA = games postponement cost「（五輪）大会の延期経費」なので、タイトル全体では「東京五輪組織委員会が延期費用を19億ドルと試算する」となっています。

Japan May Ban Sales of New Gasoline Cars in Mid-2030s

The Japanese government is considering banning sales of new gasoline-only cars in the mid-2030s as part of efforts to reduce greenhouse gas emissions, the media reported Thursday.

Dec4,2020

CHECK! ▶

- [ ] **ban** [bǽn] … 〜を禁止する
- [ ] **gasoline(-only) car** … ガソリン（のみで走る）車
- [ ] **mid-_s** … __年代半ば
- [ ] **consider** [kənsídər] … 〜を検討する
- [ ] **as part of efforts to** … 取り組みの一環として
- [ ] **reduce greenhouse gas emissions** … 温室効果ガス排出を減らす

☰ 訳出のポイント

- sale は日本語でも「セール」というように、「特売」「大安売り」の意味でよく知られる単語ですね。もともとは「販売」「売却」「売上（高）」という意味の名詞です。そこで、sales of new gasoline(-only) cars は「新しいガソリン（だけで走る）車の販売」→「ガソリン（だけで走る）車の新車販売」となっています。

- greenhouse は「温室」、greenhouse gas だと「温室効果ガス」。global warming「地球温暖化」の原因となる気体を指します。ここでは、reduce greenhouse gas emissions で「温室効果ガスの排出を減らす」ということですね。

経済

「日本、2030年代半ばにガソリン車新車販売禁止か」

日本政府は、温室効果ガス排出を減らす取り組みの一環として、2030年代半ばにガソリンだけで走る車の新車販売を禁止することを検討しているという。木曜日にメディアが伝えた。

2020年12月4日

複数形 efforts は日本語で言う「取り組み」に当たる語

effort は「努力」「骨折り」「奮闘」「頑張り」を意味する名詞です。英字新聞ではしばしば、複数形の efforts で日本語の「取り組み」に当たる語として使われるので、注意しましょう。

今日の場合は、as part of efforts to ～で「～する（ための）取り組みの一環として」という言い方になっています。

China's Economy to Overtake US as No.1 'by 2028'

The Chinese economy will overtake the U.S. to become the world's largest by 2028, five years earlier than previously forecast, according to the UK-based Centre for Economics and Business Research.

Dec 29, 2020

CHECK! ▶

- economy [ɪkáːnəmi] … 経済
- overtake [òuvərtéɪk] … 〜を追い抜く
- previously forecast … 以前に予測された
- UK-based … 英国を拠点とする
- Centre for Economics and Business Research …【英国】経済経営研究センター

訳出のポイント

- overtake は「〜に追いつく」「〜を追い越す」「〜を追い抜く」という動詞。そこで、今日のタイトルは「中国の経済が"2028年までに"世界一（の経済）としての米国を追い抜くことになる」→「中国経済は"2028年までに"米国を追い抜いて世界一になる」ということです。
- CEBR とも呼ばれている Centre for Economics and Business Research は英国の有力な民間調査機関。毎年12月26日に世界各国の経済状況を比較した World's Economic League Table という年次報告書を発表しています。今年の報告書では中国の経済規模が2028年までに米国を抜き世界一になるとの見通しが示されました。

経済

対訳

「中国経済、"2028年までに"米国抜き世界一に」

英国を拠点とする経済経営研究センターによると、中国経済は2028年までに米国を抜き世界一になるという。以前の予測が5年前倒しされた形だ。

2020年12月29日

今日のポイント

動詞 forecast の過去形・過去分詞

forecast は「〜を予測する」「〜を予想する」という動詞。過去形・過去分詞ともに forecast が一般的ですが、時に forecasted が使われることもあります。今日の場合は previously forecast（＝過去形）で「以前に予測された」ということです。

コンマにはさまれた five years earlier than previously forecast の部分は、直前の by 2028 を言い換える（説明する）文節で、「以前に予測されたよりも5年早い（2028年までに）」というわけですね。対訳では、この部分を独立させ「以前に予測されたよりも5年早くなった」→「以前の予測が5年前倒しされた形だ」としています。

Jeff Bezos to Step Down as Amazon CEO

Jeff Bezos, who started Amazon in his garage 27 years ago, announced that he will step down as chief executive officer of the technology behemoth.

Feb5,2021

CHECK! ▶

- [ ] **step down** … 退く→退任する
- [ ] **CEO (=chief executive officer)** … 最高経営責任者
- [ ] **technology behemoth** … 巨大なテクノロジー企業

訳出のポイント

- CEO は日本語でも通じるようになってきました。chief executive officer の略で「最高経営責任者」と訳されます。step down as CEO(=chief executive officer) で「最高経営責任者を退任する」というわけです。
- アマゾンの原点は、1994年（27年前）にジェフ・ベゾス氏が自宅ガレージでスタートしたオンライン書店。1998年には音楽と映像のオンライン販売も開始、その後さまざまな日用品を扱うようになりました。その Amazon.com, Inc. はいまや米国の主要なテクノロジー、あるいは IT 企業のひとつに成長・変貌しました。

経済

「ジェフ・ベゾス氏、アマゾン CEO 退任へ」

いまや巨大なテクノロジー企業となったアマゾンを、27年前に自宅のガレージで創業したジェフ・ベゾス氏が、同社の最高経営責任者を退任すると発表した。

2021年2月5日

「起業、創業する」という意味でも登場する start

「始める」「開始する」を指すおなじみの基本動詞 start。事業などを「起こす」という意味から、「起業する」「創業する」としてもよく使われるので注意しましょう。今日の記事では、started Amazon in his garage 27 years ago「27年前に彼の（＝自宅の）ガレージでアマゾンを創業した」となります。

Japan's Economy Shrinks 4.8% in 2020

Japan's gross domestic product shrank 4.8 % in 2020. It was the first annual negative growth of the world's third-largest economy since 2009.

Feb16,2021

CHECK! ▸

- [ ] **shrink** [ʃrínk] … 縮小する
- [ ] **gross domestic product** … 国内総生産（= GDP）
- [ ] **annual** [ǽnjuəl] … 1 年の
- [ ] **negative growth** … マイナス成長
- [ ] **world's third-largest economy** … 世界第 3 位の経済大国

≡ 訳出のポイント

- economy は「節約」「倹約」を意味する名詞です。国家や社会などの「経済」「財政」を指す語としても使われます。このことから、国家の組織、富としての経済という意味で「経済組織」「経済圏」という意味合いでも使われます。そこで、今日の記事にある the world's third-largest economy の部分は「世界の 3 番目に大きい経済圏（＝日本）」、つまり「世界第 3 位の経済大国（である日本）」となります。
- annual は「年の」「1 年の」「年次の」。annual negative growth は直訳すると「年間のマイナス成長」。つまり、ある月ごとや四半期ごとの GDP ではなく、「1 年間を通しての GDP のマイナス成長」→「年間 GDP のマイナス成長」という意味合いになっています。

経済

対訳

「2020年の日本経済、4.8%縮小」

世界第3位の経済大国である日本の2020年国内総生産は4.8%減少となった。1年間総じてのマイナス成長は、2009年以来初めてである。

2021年2月16日

今日のポイント

「(予算や経済などが) 縮小する」という文脈で登場 shrink

動詞 shrink は「縮む」「小さくなる」という意味を持ちます。そして、「(量、価値などが) 減少する、減る」を指すものとしても使われます。
英字新聞ではこのことから、「(予算や経済などが) 縮小する」という文脈でしばしば登場する単語です。shrink _%で「__%縮小する」「__%減少する」という言い方ができます。

Nikkei Tops 30,000 for 1st Time in 30 Years

Japan's Nikkei Average rebounded sharply on Monday to close above 30,000 mark for the first time since August 1990.

Feb17,2021

CHECK!

- [ ] **Nikkei (Average)** … 日経平均株価
- [ ] **top** [tá:p] … 〜を超える
- [ ] **rebound sharply** … （株価が）急反発する
- [ ] **close above _ mark** … 終値が__の大台を超える

訳出のポイント

- top は「〜を上回る」「〜を超える」という動詞としても頻出なので再確認を。
- 日本語でも浸透している「リバウンド」の語源 rebound は「はね返る」という動詞です。ここから、株価などが「立ち直る」「回復する」「反発する」という意味を持ちます。今日の場合は、rebound sharply で「急に立ち直る」→「急反発する」「大幅に反発する」という言い方です。

経済

「日経平均3万円超え、30年ぶり」

月曜日、日本の日経平均株価は急反発し、終値としては1990年8月以来初めて3万円の大台を回復した。

2021年2月17日

動詞 close、株式用語だとどう訳す？

動詞 close は「閉じる」「閉まる」「終わる」という意味でおなじみ。株式用語として、「(取引を) 終える」→「大引けになる」という意味合いでも用いられるので確認しておきましょう。close at $_ で「__ドルで大引けになる」「__ドルで取引を終える」「終値が__ドルとなる」という言い方です。

今日の記事ではそれが応用されて登場しています。close above _ mark「__の大台より上で取引を終える」→「終値が__の大台を超える」という表現です。後ろに続く for the first time since August 1990「1990年8月以来初めて」という記述によると、以前にも大台を超えたことがあったのだとわかります。よって対訳では「大台を超える」→「大台を回復する」と意訳したというわけです。

Bitcoin Surpasses $60,000 for First Time

Bitcoin prices continue to skyrocket. The cryptocurrency topped the $60,000 mark for the first time on Saturday, lifting its price hike over the past year to more than 1,000%.

Mar15,2021

CHECK! ▶

- [ ] **surpass** [səːrpǽs] … 〜を超える
- [ ] **skyrocket** [skáirɔ̀kit] … 急騰する
- [ ] **cryptocurrency** [krìptoukə́ːrənsi] … 暗号通貨
- [ ] **top the $_ mark** … __ドルの大台を超える
- [ ] **lift** [líft] … 〜を押し上げる
- [ ] **price hike** … 価格上昇
- [ ] **over the past year** … この１年で

≡ 訳出のポイント

- skyrocket はもともと「ロケット花火」「のろし」を意味する名詞。ここから、"ロケット花火のように空に上がる"という意味から、価格などが「飛躍的に上昇する」「急増する」「急騰する」という動詞としても使われるようになっています。そこで、本文第１文は「ビットコインの価格が急騰し続けている」ということです。
- continue は「続ける」「継続する」「持続する」という動詞なので、continue to V で「〜し続ける」という言い方になるわけです。

経済

対訳

「ビットコイン、初の6万ドル突破」

暗号通貨のビットコインの価格が急騰し続けている。土曜日にビットコインは初めて6万ドルの大台を超え、この1年における価格上昇は1000%以上となった。

2021年3月15日

「ハイキングする」以外の意味も持つ動詞 hike

「田舎、山を歩き回る」「ハイキングする」という動詞としておなじみの hike。米略式では「～を引き上げる」という意味にもなっています。特に、家賃、賃金などを「引き上げる」場合にしばしば使われます。そこで、名詞 hike としても「ハイキング」という意味とは別に、家賃、賃金などの「引き上げ」「上昇」を指して用いられています。今日の場合は price hike で「価格上昇」ということです。

SoftBank Set for Record 4.5 Trillion Yen Net Profit

SoftBank Group is set to post a net profit of over 4.5 trillion yen ($41.7 billion) for the fiscal year that ended March 31st 2021, the highest ever for a Japanese company.　Apr22,2021

CHECK! ▶

- [ ] **(be) set for** … 〜の見通しである
- [ ] **record** [rékərd] … 過去最高の
- [ ] **trillion** [tríljən] … 兆
- [ ] **net profit** … 純利益、最終利益
- [ ] **(be) set to V** … 〜する見通しである
- [ ] **post** [póʊst] … (利益を) 計上する
- [ ] **fiscal year** … (会計) 年度

≡ 訳出のポイント

- the fiscal year that ended March 31st 2021 の部分は直訳すると、「2021年3月31日に終わる（会計）年度」。これは「（国際会計基準の）2021年3月期」のことで、20年4月1日から21年3月31日までの会計年度を指します。本文末尾は the highest (net profit) ever for a Japanese company と考えてください。「ひとつの日本企業にとって、過去最高（の最終利益）」→「日本企業としては過去最高（の最終利益）となる」というわけですね。
- 過去最高の最終利益の背景にはソフトバンクグループ子会社の業績好調もありましたが、一番の要因は投資ファンド事業の成功。この事業が20年度は過去最悪、21年度は過去最高の最終利益を生み出しました。

経済

「ソフトバンク、純利益が過去最高の4.5兆円か」

ソフトバンクグループの2021年3月期の最終利益が4兆5千億円（約417億ドル）を超える見通しだという。日本企業としては過去最高となる。

2021年4月22日

(be) set for と (be) set to V

(be) set for ～は「～が予定されている」→「～の見通し（見込み）である」という言い方。～の部分は名詞になります。一方、(be) set to V という形だと後に動詞を取って、「～する予定になっている」「～することに（ほぼ）決まっている」→「～する見通し（見込み）である」という意味になるわけです。

そこで、タイトルでは (be) set for record 4.5 trillion yen net profit で「過去最高の4.5兆円の最終利益の見通しである」、本文では is set to post a net profit of over 4.5 trillion yen「4.5兆円を超える最終利益を計上する見通しである」→「最終利益が4.5兆円を超える見通しである」となっています。

Kanye West's Nike Sneakers Fetch Record $1.8M

A pair of Nike sneakers designed and worn by the US musician Kanye West at the 2008 Grammy Awards sold for $1.8m at auction, shattering the record for sneakers.

Apr28,2021

CHECK! ▶

- [ ] **sneakers** … スニーカー
- [ ] **fetch (=sell for) $_** … __ドルで売れる→__ドルで落札される
- [ ] **record** [rékərd] … 過去最高の
- [ ] **wear** [wéər] (→wore→worn) … 【動詞】〜を身につける、履く
- [ ] **shatter the record** … 記録を破る

訳出のポイント

- shatter はガラスなどを「粉々に割る」「粉砕する」という動詞。ここから、夢、希望などを（完全に）「打ち砕く」、健康などを「損なう」といった意味でも使われます。今日の場合は shatter the record「（これまでの）記録を打ち砕く」→「記録を更新する」「記録を塗り替える」という表現で登場。そこで、文末の shattering the record for sneakers は「スニーカー（の価格）としてのこれまでの記録を破った」→「スニーカーについた値段としては、最高額となった」ということです。
- これまでのスニーカーの落札最高額は、1985年にバスケのスーパースター Michel Jordan が、イタリアで行われたプレシーズン・ゲームでゴールのバックボードを粉々に割った際に着用していた Nike Air Jordan 1 High。これが61万5千ドルでした。

経済

☰　対訳

「カニエ・ウェストのナイキ・スニーカー、過去最高の180万ドルで落札」

米ミュージシャンのカニエ・ウェストがデザインし、2008年のグラミー賞授賞式で着用したナイキのスニーカーが、オークションにかけられ180万ドル（約1億9千万円）で落札された。スニーカーについた値段としては、最高額となった。

2021年4月28日

TODAY'S POINT
今日のポイント

sneakerだけだと「スニーカーの片方」を指す

sneakerはもともと、【sneak（こそこそ歩く）+-er（〜する人・物）】という成り立ちの名詞で「こそこそ歩く人」。ここから、（こそこそ歩くのに適した）「ゴム底の運動靴」を指すようになりました。「スニーカー」は日本語でもすっかり浸透していますね。
ただし、shoesと同様にsneakerだけだと「スニーカーの片方」の意味になってしまうので気をつけましょう。sneakers、あるいはa pair of sneakers（一足のスニーカー）と言うのが習慣になるといいですね。

Bill and Melinda Gates Divorce after 27 Years of Marriage

Bill and Melinda Gates are ending their marriage after 27 years, the billionaire and philanthropist couple announced in a statement.　　　　　May6,2021

CHECK! ▶

- [ ] **divorce** [dɪvɔ́ːrs] …【動詞】離婚する
- [ ] **end one's marriage** … 結婚生活に終止符を打つ
- [ ] **billionaire** [bìljənéər] … 億万長者
- [ ] **philanthropist** [fɪlǽnθrəpɪst] … 慈善家
- [ ] **statement** [stéɪtmənt] … 声明

≡ 訳出のポイント

- divorce は「離婚」という名詞でよく知られていますね。今日のタイトルでは「離婚する」という動詞として登場。
- 米マイクロソフト共同創業者のビル・ゲイツさんと妻のメリンダさんが、Twitter の公式アカウントで離婚の声明を発表。その理由は "we no longer believe we can grow together as a couple in this next phase of our lives"「人生の次の段階において、もはや夫婦として一緒に成長できるとは思えなくなってしまった」。

経済

対訳

「ビル・ゲイツ夫妻が離婚、結婚 27 年」

億万長者で慈善家のビル・ゲイツさんとメリンダ・ゲイツさんが 27 年間の結婚生活に終止符を打つという。夫妻が声明で発表した。　　　　　　　2021 年 5 月 6 日

「結婚生活」という意味も持つ名詞 marriage

marriage は「結婚」でおなじみの名詞ですが、「結婚式」「婚礼」、あるいは「結婚生活」の意味でもしばしば使われるので注意しましょう。そこで、タイトルにある after 27 years of marriage は「27 年間の結婚生活の後で」「結婚生活 27 年の末に」となります。

Elon Musk Reveals He Has Asperger's on US TV Show

Elon Musk, the CEO of Tesla and the second richest man in the world revealed he has Asperger's syndrome while appearing on the popular US comedy program Saturday Night Live.

May12,2021

CHECK! ▶

- [ ] **reveal** [rɪvíːl] … 〜だと明らかにする
- [ ] **Asperger's (syndrome)** … アスペルガー症候群
- [ ] **TV show** … テレビ番組
- [ ] **CEO** … 最高経営責任者
- [ ] **while** [wáɪl] … 〜する間に
- [ ] **appear on** … (テレビ番組に) 出演する
- [ ] **comedy program** … コメディ番組

訳出のポイント

- Asperger's syndrome、あるいは Asperger syndrome は 1944 年に Hans Asperger によって初めて紹介された発達障害。現在では言語発達が良好な自閉症と考えられているようです。今日のタイトルでは、reveals (that) he has Asperger's で「(彼が) アスペルガー症候群を持っていると明らかにする」→「アスペルガー症候群であることを明らかにする」です。

- appear on 〜は「〜の上に現れる」。雑誌などの出版物に「載る」「掲載される」、あるいはテレビ番組などに「出演する」という意味でよく使われる表現になっています。

経済

| ☰ | 対訳 |

「イーロン・マスク氏、TV 番組でアスペルガー症候群だと明かす」

テスラの最高経営責任者で世界長者番付2位のイーロン・マスク氏が、アメリカの人気コメディ番組「サタデー・ナイト・ライブ」に出演して、自身がアスペルガー症候群であることを明らかにした。

2021 年 5 月 12 日

英字新聞頻出の重要単語 reveal

reveal は英字新聞頻出の重要単語のひとつ。「ベール(=覆い)をはずす」という原意から、秘密やこれまで知られなかったもの・ことを「公開する」「公表する」「明らかにする」という意味を持つ動詞です。しっかり確認しておきましょう。

11-minute Spaceflight with Jeff Bezos Sells for $28 Million

A seat alongside Jeff Bezos on his first spaceflight by the Amazon founder's company Blue Origin has fetched $28 million at an auction.　　　　　　　　Jun16,2021

CHECK! ▶

- [ ] **(crewed) spaceflight** … (有人)宇宙飛行
- [ ] **sell for $_** … __ドルで売れる
- [ ] **alongside** [əlɔ́ːŋsàid] … ～と並ぶ、～と一緒の
- [ ] **founder** [fáundər] … 創業者
- [ ] **fetch $_ at an auction** … オークションで__ドルで落札される

≡　訳出のポイント

- sell と言えば「～を売る」の意味でおなじみの基本動詞ですね。ただし、後ろに（商品などの）個数や金額をともなって「__個売れる」「__ドルで売れる」という意味でも使われるので、注意してください。今日のタイトルでは sell for $_ で「__ドルで売れる」という言い方になっています。とりわけオークション（競売）にかけられて「__ドルで売れる」→「__ドルで落札される」という文脈で使われることが多い表現です。
- ジェフ・ベゾス氏は今月7日、同氏が手がける宇宙ベンチャー・ブルーオリジンが7月20日に打ち上げる有人ロケットに、弟のマーク・ベゾス氏とともに搭乗することを発表。そして、彼らと同乗する座席ひとつを競売にかけたところ、世界159ヶ国から7千人超が参加しました。

経済

対訳

「ジェフ・ベゾス氏と11分間の宇宙飛行、2800万ドルで落札」

自身の会社ブルーオリジンによる、アマゾン創業者ジェフ・ベゾス氏の初の宇宙飛行に同乗する1座席がオークションにかけられ、2800万ドル（約30億5200万円）で落札された。

2021年6月16日

動詞 found ＋接尾辞 -er で「設立者」「創立者」「創業者」

会社・学校などを「設立する」「創立する」「創業する」という動詞 found に、「～する人」という接尾辞 -er が加わった founder は「設立者」「創立者」「創業者」。ここでは Amazon founder で「アマゾンの創業者」ということですね。

Pandora Papers: Secret Wealth of World Leaders Exposed

The secret wealth and dealings of more than 330 people including 35 world leaders and politicians, has been exposed in financial documents leaked from offshore companies, dubbed the "Pandora Papers".

Oct5,2021

CHECK! ▶

- [ ] **Pandora Papers** … 「パンドラ文書」
- [ ] **secret wealth** … 秘密の財産、秘匿財産
- [ ] **world leaders** … 世界の指導者、首脳
- [ ] **expose** [ɪkspóuz] … ～を暴露する、明らかにする
- [ ] **dealing** [díːlɪŋ] … 取引
- [ ] **politicians** [pàːlətíʃənz] … 政治家
- [ ] **financial document** … 金融書類、金融文書
- [ ] **leak from** … ～から漏れる、リークする
- [ ] **offshore company** … 租税優遇地に設立された会社
- [ ] **dubbed** [dʌbd] … ～と呼ばれる

訳出のポイント

- world leader は直訳すると「世界の指導者」。各国の「首脳」を指して使われることも多い表現です。
- 動詞 leak は「(水などが) 漏れる」という意味でも使われますが、「(秘密などを) 漏らす」「(秘密などが) 漏れる」という意味でも頻出です。日本語でも「リークする」「リークした」という表現は一般的になっていますね。

経済

対訳

「パンドラ文書:世界の首脳らの秘匿財産が明らかに」

「パンドラ文書」と呼ばれる、租税優遇地に設立された会社からリークされた金融文書の中で、世界の首脳や政治家35人を含む330人以上の秘匿財産や取引が明らかになったという。

2021年10月5日

金融用語の offshore

offshore「オフショア」は金融用語として、非居住者に対する「租税環境の優遇国あるいは優遇地」の意味合いを持ちます。つまり offshore company とは、"租税優遇国・優遇地"に設立された会社を指します。「オフショア会社」と呼ばれますが、一般読者にもわかりやすいように「租税優遇地に設立された会社」と訳しています。

代表的な租税優遇地は、香港、シンガポール、マカオ、イギリス領ケイマン諸島、ルクセンブルク、モナコなどです。

Time Magazine Picks Elon Musk as 2021 Person of the Year

Time magazine named Elon Musk, Tesla CEO, SpaceX founder, and richest man on earth, as its Person of the Year for 2021.

Dec16,2021

CHECK! ▶

- [ ] **Time Magazine** … 【米】タイム誌
- [ ] **pick (=name) A as B** … A を B に選ぶ
- [ ] **Person of the Year** … (タイム誌恒例の)「今年の人」
- [ ] **founder** [fáundər] … 創設者

≡ 訳出のポイント

- Time あるいは Time Magazine はアメリカの雑誌。1923 年創刊の世界初のニュース雑誌として知られています。そして、Person of the Year「パーソン・オブ・ザ・イヤー」「今年の人」はタイム誌が毎年年末に選ぶ、その年の "顔"。
- richest man on earth は直訳すると「地球上で最もお金を持っている人」。つまり、「世界一の富豪」ということですね。

経済

「タイム誌『2021年今年の人』にイーロン・マスク氏」

タイム誌は、2021年の「今年の人」にテスラの最高経営責任者でスペースXの創設者、そして世界一の富豪であるイーロン・マスク氏を選んだ。

2021年12月16日

今日のポイント

pick A as B と name A as B

pickは、日常会話では「〜を摘み取る」「〜をつまみ取る」といった意味でよく使われる動詞。もともとは人・物などを入念に「選ぶ」「精選する」という意味の動詞です。そこで、pick A as Bで「AをBとして選ぶ」「AをBに選ぶ」という言い方になっています。
また、nameも「〜を指名する」→「〜を選ぶ」という動詞として頻出ですね。したがってname A as Bでも同じ意味になるわけです。

Japan Hit by 'Potato Shock'

McDonald's Japan has been temporarily suspending the sale of medium and large size French fries due to delays in shipments of potatoes from overseas.

Dec24, 2021

CHECK!

- [ ] **(be) hit by** … 〜に襲われる
- [ ] **temporarily suspend** … 一時的に休止する
- [ ] **French fries** … フライドポテト
- [ ] **delays in shipments** … 出荷の遅延
- [ ] **from overseas** … 海外からの

訳出のポイント

- potato shock「ポテトショック」は1970年代に2度発生した oil shock「オイルショック、石油ショック」をもじった言い方です。「石油ショック」では、原油供給のひっ迫により原油価格が高騰し、世界経済全体に大きな混乱をきたしました。今日の記事の potato shock は海外からのジャガイモの供給が遅延したことで、日本のマクドナルドがフライドポテトの販売を一部休止する、という事態になったことを指しているわけですね。
- shipment はもともと「船積み」、あるいは「船積み荷」を意味する名詞。ここから「発送（品）」「出荷（品）」という意味合いでも使われる単語です。

経済

対訳

「日本で『ポテトショック』」

日本マクドナルドは、海外からのジャガイモの出荷が遅延しているため、フライドポテトのMサイズとLサイズの販売を一時的に休止としている。

2021年12月24日

TODAY'S POINT
今日のポイント

french fries と chips と fried potatoes

French fries はジャガイモを食べやすい大きさに切って、油で揚げた料理。フランスが起源とされる（ベルギー説もあり）ため、特に米国では「フランス式の揚げたジャガイモ」という意味で French-fried potatoes、あるいは French fries と呼ばれるわけです。ちなみに、英国では chips という言い方が一般的です。

また、日本語の「フライドポテト」は和製英語ですが、fried potatoes でも文法的に間違いはなく英語圏でも意味は通じます。ここでは medium and large size French fries で「MサイズとLサイズのフライドポテト」となっています。

Column 4　経済ニュースのあれこれ

●2021年12月24日
日本で「ポテトショック」（182,183ページ）
コロナ禍による世界的な物流網の混乱が、大手ハンバーガーチェーン「マクドナルド」のフライドポテトの販売に及んでいるという話題。

日本マクドナルドでは、北米からの原料輸入に遅延があるとして、2021年12月24日からMサイズとLサイズのフライドポテトの販売を1週間ほど一時休止。セット商品を含めて、Sサイズのみの提供となりました。クリスマス・年末シーズンを直撃し、SNSでは「ショック！」「Sサイズじゃ物足りないかも……」などと驚きや悲しみの声が広がっていました。

実はその後、22年1月9日からポテトのM・Lサイズの販売を再び休止し、Sサイズのみ販売するという事態が起こっています。21年は1週間でしたが、22年は1ヶ月程度の「ポテトショック」となりました。

マクドナルドの「マックフライポテト」、揚げたては本当に無敵とも言える美味しさですが、身体にはよくないんだろうなぁ……。そんなことを思いながらも、時々ウーバーイーツで注文するときには必ずポテトMサイズを頼んでいます……。

経済ニュースでよく見る単語・表現 ❷

ここまでの記事で出てきた重要表現を振り返ってみよう!

☐ sell off ~「(株式、事業など)を売却する」(P146-147)

☐ be expected to V「~する見込みである、~する見通しである」(P148-149)

☐ enter into a recession「景気後退に陥る、景気後退の局面に入る」(P150-151)
経済用語recessionは「(一時的な)不景気、景気後退」の意。通例では、6ヶ月(=2四半期)以上にわたって国民総生産がマイナスになったときを指します。

☐ complete with ~「~が完備した、~が備わっている、~付きの」(P152-153)

☐ estimate A $__「A を__ドルと見積もる」(P154-155)

☐ as part of efforts to ~「~する(ための)取り組みの一環として」(P156-157)

☐ (be) set for ~「~の見通し(見込み)である」(P168-169)
　☐ (be) set to V「~する見通し(見込み)である」

2017～2021年のニュース
社会編

NEWS 2017-2021
SOCIETY

2017/5/24	**Blast at Ariana Grande Concert in Manchester Kills 22** アリアナ・グランデさんのマンチェスター公演で爆発、22人死亡	
2017/5/25	**16-year Boy Dies After Too Much Caffeine over Short Time in U** 米国で16歳男子死亡、短時間にカフェイン大量摂取で	
2017/9/7	**Research: Zika Virus Can Kill Brain Cancer Cells** 研究:ジカウイルスで脳腫瘍細胞が死滅	
2017/10/2	**3.2 Million People Addicted to Gambling in Japan** 日本、320万人がギャンブル依存症	

2017/10/31	**Saudi Arabia Becomes First Country to Grant Citizenship to a robot** サウジアラビアがロボットに市民権を、世界初
2017/11/1	**Japan: Man Arrested over Severed Heads in Apartment** 日本:アパートで切断された頭部、男を逮捕
2017/12/13	**Survey: Japanese Use Only 50% of Paid Holidays** 調査:日本人の有休消化率わずか50%
2018/1/5	**First Florida Snow in 29 Years** フロリダで雪、29年ぶり
2018/4/13	**Officer Arrested after Shooting Superior at Police Box in Shiga, Japan** 滋賀県で警官逮捕、交番で上司を射殺
2018/6/7	**Saudi Arabia Issues First Driver's Licenses to Women** サウジアラビア、初めて女性に運転免許証を発行
2018/6/18	**Woman Swallowed Whole by Giant Python in Indonesia** インドネシア、巨大ニシキヘビが女性を丸のみに
2018/6/20	**WHO: Gaming Addiction Is Disease** WHO:ゲーム依存症は病気
2018/7/2	**Belgian Boy Aged Eight to Enter University** ベルギー:8歳の少年が大学へ
2018/7/10	**Body of Executed Aum Founder Shoko Asahara Cremated in Tokyo** オウム開祖・麻原彰晃死刑囚の遺体、東京で火葬
2018/7/24	**Heatwave in Japan: Tokyo Experiences 40-plus First Time on Record** 日本の酷暑:東京都で観測史上初の40度超
2018/8/24	**Water Ice Detected on Moon's Surface** 月面で氷を発見

2018/11/21	**Nissan Chairman Carlos Ghosn Arrested over 'Significant Misconduct'**	
	日産のカルロス・ゴーン会長逮捕、「重大な不正行為」で	
2018/12/17	**Road Rage Driver Gets 18-year Sentence in Japan**	
	日本:あおり運転ドライバーに懲役18年	
2019/3/6	**Tokyo Court Grants ¥1 Billion Bail for Carlos Ghosn**	
	東京地裁がカルロス・ゴーン被告の保釈認める 保釈金10億円	
2019/5/8	**Japan's Child Population Decreased by One Third**	
	日本の子ども人口、3分の1減少	
2019/6/18	**Study: Almost 600 Plant Species Have Gone Extinct in Last 250 Years**	
	研究:過去250年で600近い植物種が絶滅	
2019/7/19	**Kyoto Animation Studio Fire: 33 Feared Dead**	
	京都のアニメスタジオ火災:33人死亡か	
2019/9/9	**WHO Report: One Person Kills Themselves Every 40 Seconds Worldwide**	
	WHO報告書:世界では40秒に1人が自殺	
2019/9/20	**Fukushima Nuclear Disaster: Former Tepco Executives Found Not Guilty**	
	福島原発事故:東電旧経営陣に無罪判決	
2019/11/1	**Fire Destroyed Shuri Castle at World Heritage Site in Japan**	
	日本:世界遺産地にある首里城が火災で焼失	
2019/11/25	**Pope Visits Nagasaki: 'We Cannot Repeat Past Mistakes'**	
	ローマ教皇が長崎訪問:「過去の過ちを繰り返してはならない」	
2020/1/30	**Japan Confirms First Domestic Transmission of New Coronavirus**	
	新型コロナウイルス、日本で初の国内感染確認	
2020/6/10	**$1M Treasure Hidden in the Rocky Mountains Was Finally Found**	
	ロッキー山脈に隠された100万ドルの財宝、ついに見つかる	

2020/6/24	**Japan's 'Fugaku' Supercomputer Ranked World's Fastest** 日本のスパコン「富岳」が世界最速に
2020/8/7	**Japan: Hiroshima Marks 75th Atomic Bomb Anniversary** 日本：広島、原爆75周年を迎える
2020/9/1	**Tokyo Amusement Park Toshimaen Closes Its Doors after 94 Years** 東京の遊園地「としまえん」、94年の歴史に幕
2020/9/30	**Coronavirus: Global Death Toll Surpasses One Million** 新型コロナ：世界全体の死者数100万人超え
2020/11/27	**Soccer Legend Diego Maradona Dies** サッカー界のレジェンド、ディエゴ・マラドーナ氏が死去
2021/1/28	**Global Covid-19 Cases Top 100 M** 世界の新型コロナ感染、1億人突破
2021/3/22	**No International Spectators at Tokyo Olympics** 東京五輪、海外からの観客はなし
2021/6/9	**US Approves First New Alzheimer's Drug in Nearly 20 Years** 米が新アルツハイマー治療薬を承認、約20年ぶり
2021/6/23	**Philippine President Says 'Get Vaccinated or Go to Jail'** フィリピン大統領「ワクチン接種しなければ投獄」
2021/7/6	**Shohei Ohtani Becomes 1st Two-way Player Picked for All-Star Game** 大谷翔平、オールスター史上初の二刀流選出
2021/9/3	**Former Japanese Top Bureaucrat Gets 5 Years for 2019 Tokyo Crash That Killed Two** 日本の元トップ官僚に禁錮5年の実刑、2019年の交通事故で2人死亡
2021/12/17	**NASA Spacecraft Reaches Solar Corona for the First Time Ever** NASA宇宙探査機が太陽コロナに到達、史上初

Blast at Ariana Grande Concert in Manchester Kills 22

At least 22 people were killed and 59 injured in an explosion right after a concert by US singer Ariana Grande at an indoor stadium in Manchester, England, on Monday. The attack was a suspected suicide bombing.

May24,2017

CHECK!

- [ ] blast [blǽst] (=explosion) … 爆発
- [ ] right after … 〜の直後に
- [ ] indoor stadium … 屋内競技場
- [ ] suspected [sʌ́spektɪd] … 疑わしい
- [ ] suicide bombing … 自爆テロ

訳出のポイント

- ●「怪しいと思う」「疑う」という動詞 suspect の過去分詞が形容詞化した suspected。すなわち、「疑わしい」「怪しい」の意になります。そこで、本文の第2文は「その攻撃（＝爆発）は、疑わしい自爆テロである」→「自爆テロが疑われる」→「自爆テロだとみられる」というわけです。
- ●英国中部の都市、マンチェスターの屋内競技場で22日夜に大きな爆発がありました。警察は自爆テロ事件とみて捜査中だといいます。爆発が起きたのは米国の人気歌手アリアナ・グランデさんのコンサートが終了した直後で、死傷者の多くは若者のようです。

社会

対訳

「アリアナ・グランデさんのマンチェスター公演で爆発、22人死亡」

月曜日に英国マンチェスターの屋内競技場で、米歌手アリアナ・グランデさんのコンサートの直後に爆発があり、少なくとも22人が死亡し59人が負傷した。自爆テロだとみられる。

2017年5月24日

TODAY'S POINT
今日のポイント

「爆発」を意味する blast と explosion

blast はもともとは「突風」を意味する名詞。ここから「爆風」→「爆発」の意でもしばしば登場する語となっています。explosion と同意の名詞として、しっかり確認しておきましょう。

今日のタイトルでは blast が主語で動詞が kill なので、直訳すると「マンチェスターにおけるアリアナ・グランデさんのコンサート（＝公演）での爆発が22人を殺す」。つまり、「アリアナ・グランデさんのマンチェスター公演で起きた爆発で22人が死亡する」ということです。このように、無生物名詞の主語に動詞の kill が続いた場合は「A kill B」で、「AがBを殺す（死亡させる）」→「AでBが死亡する」と訳すのが通例ですね。

16-year Boy Dies After Too Much Caffeine over Short Time in US

A healthy 16-year-old boy in the US state of South Carolina died from drinking too many highly-caffeinated drinks in a short space of time, a coroner said.

May25,2017

CHECK! ▶

- [ ] **caffeine** [kæfíːn] … カフェイン
- [ ] **over (a) short time (= in a short space of time)** … 短時間に
- [ ] **highly-caffeinated drink** … カフェインを大量に含む飲料
- [ ] **coroner** [kɔ́ːrənər] … 検視官

訳出のポイント

- caffeine は「カフェイン」。そして、caffeinated は「カフェイン入りの」という形容詞です。highly-caffeinated だと「高度にカフェイン入りの」→「カフェインを大量に含む」ということです。つまり、highly-caffeinated drink で「カフェインを大量に含む飲料」になります。
- 一般的に安全だと思われているカフェイン飲料。日本のエナジードリンクや栄養ドリンクの中にも、大量に含まれているものがあるので、今後は少し注意を払った方がよいかもしれませんね。ちなみに、1日の安全なカフェイン摂取量は最大400ミリグラムとも言われています。

社会

☰ 対訳

「米国で16歳男子死亡、短時間にカフェイン大量摂取で」

米サウスカロライナ州で、健康な16歳男子がカフェインを多く含む飲料を短時間で大量に飲んだことが原因で死亡したという。検視官が発表した。

2017年5月25日

die from ～ 「～で死亡する」

本文で登場している die from ～ は「～で死亡する」「～が原因で死亡する」という言い方。そこで died from drinking too many highly-caffeinated drinks in a short space of time の部分は、「短時間でカフェインを大量に含む飲料をあまりに多く飲んだことが原因で死亡した」→「カフェインを多く含む飲料を短時間で大量に飲んだことが原因で死亡した」というわけです。

Research: Zika Virus Can Kill Brain Cancer Cells

The zika virus, that causes severe brain damage in babies, may become an effective treatment for adult brain cancer. The virus can be used to selectively kill hard-to-treat cancerous cells in adult brain, according to new US research.

Sep7,2017

CHECK! ▶

- [ ] **zika virus** … ジカウイルス
- [ ] **cause severe brain damage** … 重度の脳障害を引き起こす
- [ ] **selectively kill** … 選択的に〜を死滅させる→〜のみを（選んで）死滅させる
- [ ] **hard-to-treat cancerous cells** … 治療が困難ながん細胞

訳出のポイント

- zika fever「ジカ熱」は蚊を媒介とする zika virus「ジカウイルス」の感染で、胎児に小頭症という脳障害を引き起こすことが知られています。今日の本文のコンマにはさまれた that can cause severe brain damage in babies の部分はそれを説明していて、「赤ちゃんに重度の脳障害を引き起こす（ことがある）」の意。先頭の関係代名詞 that は、コンマ直前の the zika virus を受けているので、「赤ちゃんに重度の脳障害を引き起こす（ジカウイルス）」ということです。

- selectively は「選択的に」という副詞。selectively kill 〜で「〜を選択的に殺す」→「〜のみを（選んで）殺す」という意味になります。

社会

対訳

「研究：ジカウイルスで脳腫瘍細胞が死滅」

赤ちゃんに重度の脳障害を引き起こすジカウイルスが、成人の脳腫瘍に対する効果的な治療となるかもしれない。米国の新研究によると、ジカウイルスを用いて、治療が困難な成人の脳腫瘍細胞のみを死滅させることが可能だという。

2017年9月7日

hard-to-V の形で「〜するのが難しい」という表現に

hard-to-V の形は「〜するのが難しい」「〜することが困難な」という形容詞を作ります。具体的には、hard-to-control situation「制御するのが難しい状況」→「制御困難な状況」、hard-to-get book「手に入れるのが難しい本」→「入手困難な本」のように使います。
ここでは hard-to-treat cancerous cells in adult brain「治療するのが難しい成人の脳のがん細胞」→「治療困難な成人の脳腫瘍細胞」というわけです。

3.2 Million People Addicted to Gambling in Japan

About 3.2 million people, or 3.6% of the adult population in Japan, are estimated to have had a gambling addiction at least once in their lives, according to a survey by the Ministry of Health, Labour and Welfare.

Oct2,2017

CHECK! ▶

- [ ] (be) addicted to 〜 … 〜の依存症である
- [ ] adult population … 成人人口
- [ ] be estimated to … 〜と推定される
- [ ] have a gambling addiction … ギャンブル依存症である
- [ ] survey [sə́ːrveɪ] … 調査
- [ ] Ministry of Health, Labour and Welfare … 【日本】厚生労働省

訳出のポイント

- estimate は「推定（推測）する」「見積もる」という動詞。ここでは、be estimated to 〜「〜だと推定される」という言い方です。つまり are estimated to have had a gambling addiction at least once in their lives の部分は、「少なくとも生涯に一度はギャンブル依存症に罹ったと推定される」というわけです。
- survey の語源は「調べる」という意味のフランス語 surveier。ここから、（詳細に、綿密に）「調査する」「調べる」という動詞であると同時に、「調査」「検査」「アンケート」という意味の名詞としてもしばしば登場する語となっています。

社会

対訳

「日本、320万人がギャンブル依存症」

厚生労働省の調査によると、日本の成人人口の3.6%に当たる320万人が、生涯で一度はギャンブル依存症に罹ったことがあると推定される。

2017年10月2日

今日の
ポイント

(be) addicted to ～
「～の依存症である」

(be) addicted to ～は「～の中毒になっている」「～の依存症である」という言い方。addicted to gambling で「ギャンブル依存症である」ということです。一方、addiction は「依存（症）」「中毒」という名詞。そこで、gambling addiction だと「ギャンブル依存症」になります。
have a gambling addiction で「ギャンブル依存症を持っている」→「ギャンブル依存症に罹る」「ギャンブル依存症である」ということです。

Saudi Arabia Becomes First Country to Grant Citizenship to a robot

A humanoid named Sophia has become the first robot to be given citizenship in the world after it made its first public appearance in Riyadh, Saudi Arabia last week.

Oct31,2017

CHECK!

- [ ] **grant (give) citizenship to** … 〜に市民権を与える
- [ ] **humanoid** [hjúːmənɔ̀ɪd] … ヒューマノイド（人間型ロボット）
- [ ] **named** [néɪmd] … 〜という名前の
- [ ] **make one's first public appearance** … 初めて公式の場に姿を見せる

訳出のポイント

- appearance は「現れる」「出現する」という動詞 appear の名詞形で、「現れること」「出現」。public appearance で「公共の場に現れること」「人前に姿を見せること」を指します。そこで、make one's first public appearance で「初めて公共の場に現れる」「初めて公に姿を見せる」という言い方になっています。
- 中東サウジアラビアで、世界で初めてロボットが市民権を得た、というニュースをお伝えしました。Sophia「ソフィア」という名前で女性のような外見を持つヒューマノイド（人間型ロボット）は、香港を拠点とする Hanson Robotics が作り出したロボット。サウジの首都リヤドで行われた Future Investment Initiative というイベントで初めて公に姿を見せ、その場で同国の市民権を与えられたということです。

社会

対訳

「サウジアラビアがロボットに市民権を、世界初」

先週サウジアラビアのリヤドで初めて公式の場に姿を見せた、ソフィアという名前のヒューマノイドが、ロボットとしては世界で初めて市民権を獲得した。

2017年10月31日

「（権利などを）与える、許諾する」という表現で使う動詞

grantは「許可する」「承諾する」という動詞。権利などを「与える」「許諾する」という意味でもしばしば使われます。citizenshipは「市民権」なので、grant citizenship to ～で「～に市民権を与える」という言い方になります。
また、誰もが知っている基本動詞giveを使った表現give citizenship to ～も意味的には同じです。今日の本文では、be given citizenshipという形の受動態になっているので、「市民権を与えられる」→「市民権を獲得（取得）する」ということです。

Japan: Man Arrested over Severed Heads in Apartment

A 27-year-old man has been arrested after police found parts of nine bodies, including severed heads, in his apartment in Zama, near Tokyo.

Nov1,2017

CHECK! ▶

- **be arrested over** … ～で逮捕される
- **severed head** … 切断された頭部
- **body** [bá:di] … 死体、遺体

訳出のポイント

- sever は「～を切る」「～を切断する」という動詞で、その過去分詞が形容詞化した severed は「切断された」。severed head で「切断された頭」「切断された頭部」ということです。
- apartment は日本語の「アパート」の語源。ただし、通常では「アパートの貸し部屋」を意味し、建物全体を指す場合には apartments、あるいは apartment building と言います。そこで、厳密にはタイトル中の in apartment は「アパートの一室で」、本文の in his apartment は「彼が住んでいるアパートの一室で」となるわけです。

社会

「日本：アパートで切断された頭部、男を逮捕」

東京に近い座間市のアパートの一室で、切断された頭部を含む9人の遺体の一部が見つかり、アパートに住む27歳の男が逮捕された。

2017年11月1日

英字新聞頻出の動詞 arrest

arrest は「〜を逮捕する」という意味で英字新聞頻出の動詞。arrest（人）over 〜で「〜をめぐって（人）を逮捕する」ということです。今日のように受動態で用いられることも多く、be arrested over 〜で「〜で逮捕される」となります。

Survey: Japanese Use Only 50% of Paid Holidays

Japanese workers use only 50% of their paid holidays, the lowest rate in the world, according to a survey by Expedia.

Dec13,2017

CHECK! ▶

- [ ] **survey** [sə́ːrveɪ] … 調査
- [ ] **paid holidays** … 有給休暇
- [ ] **worker** [wə́ːrkər] … 雇用者→有職者
- [ ] **rate** [réɪt] … 割合、率

≡ 訳出のポイント

- worker は「働く人」。「労働者」「雇用者」といった意味でも用いられますが、今日の場合は文脈から「働いている人」→「有職者」と訳しています。
- rate は「割合」「率」ですね。コンマではさまれた the lowest rate in the world の部分は、直訳すると「世界で最も低い率」で、その前に登場している 50% を指していますね。つまり、「日本の有職者は有給休暇のわずか50％しか使わず、その率（＝有休消化率）は世界で最も低い」→「日本の有職者は有給休暇のわずか50％しか使っておらず、有休消化率は世界最下位である」となっています。

社会

対訳

「調査：日本人の有休消化率わずか50％」

エクスペディアの調査によると、日本の有職者は有給休暇のわずか50％しか使っておらず、有休消化率は世界最下位だという。

2017年12月13日

米国で言う「休暇」
holidayよりvacationが一般的

holidayは【holi-（=holy：神聖な）+day（日）】という成り立ちで、もともとは「神聖な日」。ここから、「祭日」「祝日」→「公休日」「休日」「休業日」という意味の名詞になっています。また、主に英国では会社・工場などで個人が取る「休み」「休暇」の意味でも用いられます。
そこで、paid holidayは「有給の休み」→「有給休暇」ということです。ちなみに、米国では「休暇」はvacationの方が一般的。したがって「有給休暇」も、paid vacationと言うことが多くなっています。

First Florida Snow in 29 Years

Florida had its first snowfall in 29 years as a rare winter "bomb cyclone" hit the southeast state of the US.

Jan5,2018

CHECK!

- **snowfall** [snóufɔ̀l] … 降雪
- **rare** [réər] … 珍しい、めったにない
- **bomb cyclone** … 爆弾低気圧

訳出のポイント

- cyclone は「低気圧」で、bomb cyclone だと「爆弾低気圧」。気圧が急激に低下する、つまり"急速に発達する低気圧"を指す言葉だそうです。
- 北米では年末から稀に見る酷寒の天候が続いているようです。Niagara Falls「ナイアガラの滝」や Grate Lakes「五大湖」の一部が凍結し、海岸では凍った波が見られるほど。そして、温暖な冬で有名なフロリダ州でも、北部で29年ぶりの降雪を観測しました。この雪は、東海岸を北上する"爆弾低気圧"がもたらしたものです。

社会

対訳

「フロリダで雪、29年ぶり」

珍しい冬の"爆弾低気圧"が米南東部のフロリダ州を襲い、同州では29年ぶりの降雪が見られた。

2018年1月5日

「降雪」「降雨」を表すときに使える名詞 fall

「落ちる」という動詞としておなじみの fall。「落ちること」「落下」「降下」などの意の名詞でもあります。そこで、snowfall = snow（雪）+ fall（落ちること）→「降雪」、あるいは「降雪量」ということです。同様に rainfall は「降雨」「降雨量」になるわけです。

また、have snowfall で「降雪がある」→「雪が降る」。ここでは、had its first snowfall in 29 years で「この29年で初めての雪が降った」→「29年ぶりの降雪が見られた」となっています。

Officer Arrested after Shooting Superior at Police Box in Shiga, Japan

A 19-year-old officer was arrested on the suspicion of shooting his superior to death at a police box in Shiga Prefecture, western Japan.

Apr13,2018

CHECK! ▶

- [ ] **(police) officer** … 警察官
- [ ] **shoot ～ to death** … ～を射殺する
- [ ] **superior** [səpíəriər] … 上司
- [ ] **police box** … 交番
- [ ] **on the suspicion of** … ～の疑いで、～の容疑で

訳出のポイント

- officer は「役人」「公務員」、軍の「将校」「士官」などを意味する名詞。今日の場合は、police officer の意味で「警察官」「警官」です。
- shoot ～ to death は直訳すると「～を死ぬまで撃つ」。つまり「射殺する」という言い方になっています。
- police station は「警察署」の意味でおなじみの言い方。それに対して police box は「交番」「派出所」になります。at a police box で「交番で」ということですね。

社会

対訳

「滋賀県で警官逮捕、交番で上司を射殺」

西日本の滋賀県で、19歳の警察官が交番で上司を射殺した疑いで逮捕された。

2018年4月13日

「より優れている」superior が名詞として使われるとき

superior はもともと「より優れている」「まさっている」という形容詞で、「上級の」「上官の」「上役の」という意味にもなります。また、ここから「上役」「上司」「上官」という名詞としてもよく使われるので、注意しましょう。
今日の場合は、タイトルでも本文でも shoot (his) superior (to death)「上司を射殺する」という形で登場しています。

Saudi Arabia Issues First Driver's Licenses to Women

The government of Saudi Arabia has issued its first driver's licenses to 10 women before a ban on female drivers will be lifted on June 24th.

Jun 7, 2018

CHECK! ▶

- [ ] **issue** [íʃuː] … 〜を発行する
- [ ] **driver's license** … 運転免許証
- [ ] **lift a ban** … 禁止を解除する、解禁する

訳出のポイント

- issue は人、機関が、宣言・命令などを「出す」「発する」「発行する」という動詞。driver's license が「運転免許証」なので、issue a driver's license で「運転免許（証）を発行する」ということです。また「運転免許証」に当たる英語としては、主に英国では driving license という言い方も一般的。あわせて確認しておきましょう。

- サウジアラビアは、イスラム教スンニ派の中でも戒律の厳しい「ワッハーブ派」が主流の国家。女性に対する制約が多いほか、公共のイベントでは男女が同席することが禁じられ、女性はほとんど全ての活動で男性の後見人による許可が必要となっています。ただ同国でも、最近はこうした制約の緩和が進んでおり、その一環として6月24日から女性への運転免許証の発行が解禁。今回はそれに先立って、海外の運転免許を持つ女性10人に対してサウジ免許への切り替えが認められ、同国で初めてとなる女性への免許が発行された、ということです。

社会

対訳

「サウジアラビア、初めて女性に運転免許証を発行」

サウジアラビア政府が、6月24日からの女性運転手解禁に先立ち、10人の女性に対して初めての運転免許証を発行した。

2018年6月7日

TODAY'S POINT
今日のポイント

**頻出の句動詞 lift a ban
「禁止を解除する」「解禁する」**

ban は「禁止」「禁止令」。英字新聞では、lift a ban「禁止を解除する」「解禁する」という句動詞でも頻出です。今日の場合は、この表現が受動態で使われていますね。
つまり、before a ban on female drivers will be lifted on June 24th の部分は「女性運転手に対する禁止が6月24日に解除される前に」→「6月24日からの女性運転手解禁に先立って」というわけです。

Woman Swallowed Whole by Giant Python in Indonesia

The body of a woman, who vanished while working in her vegetable garden, has been found in the belly of a 7-meter python.

Jun18,2018

CHECK!

- **swallow ～ whole** … ～を丸ごと飲み込む
- **python** [páɪθɑːn] … ニシキヘビ
- **vanish** [vǽnɪʃ] … 姿を消す、行方不明になる
- **belly** [béli] … 腹、腹部

訳出のポイント

- swallow は「～を飲み込む」という動詞。swallow ～ whole で「～を丸ごと飲み込む」→「～を丸のみする」という言い方になります。
- インドネシアの Muna Island「ミュナ島」で、54歳の女性が畑仕事から戻らず、村民約100人で捜索したところ、翌日に腹部がふくれ上がった巨大ニシキヘビを発見。ヘビを捕獲して腹の部分を切り開いてみると、中から行方不明になっていた女性の遺体が見つかったといいます。インドネシアに生息するニシキヘビは体長5、6メートル以上になることも珍しくありません。

社会

対訳

「インドネシア、巨大ニシキヘビが女性を丸のみに」

インドネシアで、畑仕事をしている間に行方不明になっていた女性の遺体が、体長7メートルのニシキヘビの腹部から見つかった。

2018年6月18日

今日の
ポイント

「行方がわからなくなる」というニュアンスの vanish

vanish は目に見えていたものが突然、あるいは不思議に「消える」「見えなくなる」という動詞。「姿を消す」「行方がわからなくなる」というニュアンスでも使われる単語です。

今日のタイトルでは、woman (is) swallowed whole by giant python で「女性が巨大ニシキヘビに丸のみされる」となっています。

WHO: Gaming Addiction Is Disease

Gaming addiction has been listed as a mental health disorder for the first time in the latest revision to the International Classification of Diseases by the World Health Organization.

Jun20,2018

CHECK! ▶

- [ ] **WHO (World Health Organization)** … 世界保健機関
- [ ] **gaming addiction** … ゲーム依存症
- [ ] **list A as B** … AをBとして記載する
- [ ] **mental health disorder** … メンタルヘルス障害、精神衛生障害
- [ ] **revision** [rɪvíʒən] … 改訂版
- [ ] **International Classification of Diseases (=ICD)** … 国際疾病分類

☰ 訳出のポイント

- International Classification of Diseases (=ICD)「国際疾病分類」は、日本をはじめ多くの国が死因や患者に関する統計、医療保険の支払いなどの基準として用いる、病気やけがの分類マニュアルです。revision は「改訂」「改訂版」で、the latest revision to ～で「～の最新改訂版」という意味になります。
- インターネットを通じて、多くのプレーヤーが参加するオンラインゲームが急速に広がり、またスマホやタブレットによって時間・場所を問わずプレーできるようになったことから、ゲーム依存症は世界的な社会問題になっています。

社会

対訳

「WHO：ゲーム依存症は病気」

世界保健機関による「国際疾病分類」の最新改訂版で、ゲーム依存症が初めてメンタルヘルス障害として記載された。

2018年6月20日

今日のポイント

名詞としておなじみの list、動詞でもしばしば登場

list は「リスト」「一覧表」という意味の名詞としておなじみですが、「（リスト、一覧表などに）〜を載せる」「〜を記載する」という動詞でもしばしば登場します。list A as B で「A を B として記載する」という言い方です。
今日の場合は、受動態で A has been listed as B「A が B として記載された」という形で使われていますね。つまり、gaming addiction has been listed as a mental health disorder「ゲーム依存症がメンタルヘルス障害として記載された」というわけです。

Belgian Boy Aged Eight to Enter University

An eight-year-old Belgian boy has graduated from a secondary school alongside of 18-year-old classmates. Laurent Simons, who has an IQ of 145, will start at university after two months of summer holidays. Jul2,2018

CHECK! ▶

- [ ] **Belgian** [béldʒən] … ベルギーの、ベルギー人の
- [ ] **aged _** … _歳の
- [ ] **enter university** … 大学に入る
- [ ] **graduate from** … 〜を卒業する
- [ ] **secondary school** …【ベルギー】中等学校
- [ ] **alongside** [əlɔ́:ŋsàɪd] … 〜と並んで、〜と一緒に
- [ ] **IQ (=intelligence quotient)** … 知能指数
- [ ] **summer holidays** … 夏休み

≡ 訳出のポイント

- 「年」「年齢」という名詞としておなじみの age。「年をとる」「ふける」「老化する」といった意味の動詞でもあります。
- 教育システム(学校制度)は国によって様々。ベルギーを含む欧州の多くの国では、primary school「初等学校」(6〜12歳)と secondary school「中等学校」(13〜18歳)から成るシステムを採用しています。これらの義務教育課程を通じて、個人の能力に合わせた留年および飛び級はごく当たり前。今回の少年は IQ (=intelligence quotient)「知能指数」が145ある genius「天才」。飛び級を重ね、中等学校を18ヶ月で卒業したといいます。

社会

対訳

「ベルギー：8歳の少年が大学へ」

ベルギーの8歳の少年が、18歳の同級生たちと並んで中等学校を卒業した。知能指数が145のローラン・シモンズくんは、2ヶ月の夏休みの後、大学に入学するという。

2018年7月2日

今日のポイント

（名詞）+aged _ で「_歳の（名詞）」

動詞 age の過去分詞が形容詞化した aged は「年をとった」「年数を経た」「熟成した」という意味ですが、数詞の前において【aged _】という形で、「_歳の」「年齢が_の」という言い方になります。特に、【（名詞）+aged _】だと「_歳の（名詞）」です。

そこで、タイトルの Belgian boy aged eight は「8歳のベルギー（人の）少年」ということです。また、これは本文では an eight-year-old Belgian boy と言い換えられていますが、全く同じ意味になっています。

Body of Executed Aum Founder Shoko Asahara Cremated in Tokyo

The body of Aum Shinrikyo founder Shoko Asahara was cremated in Tokyo on Monday following Friday's executions for heinous crimes including the 1995 Tokyo subway sarin attack.

Jul10,2018

CHECK!

- **body** [bɑ́:di] … 遺体
- **execute (execution)** … 〜を死刑にする（死刑執行）
- **Aum (Shinrikyo)** … オウム（真理教）
- **cremate** [krí:meɪt] … 〜を火葬する
- **heinous crime** … 凶悪犯罪
- **Tokyo subway sarin attack** … 東京地下鉄サリン事件

訳出のポイント

- founder は「創始者」「創業者」「設立者」などの意味で頻出の名詞ですが、今日の話題は教団、宗教団体なので「開祖」と訳すのが適切でしょう。
- heinous は「極悪な」「憎むべき」「恥ずべき」という形容詞。a heinous crime で「凶悪犯罪」という言い方です。本文後半の for 以下では死刑にされた理由を表しています。

社会

対訳

「オウム開祖・麻原彰晃死刑囚の遺体、東京で火葬」

1995年の東京地下鉄サリン事件を含む凶悪犯罪で、金曜日に死刑が執行されたオウム真理教開祖・麻原彰晃死刑囚の遺体が、月曜日に東京で火葬された。

2018年7月10日

TODAY'S POINT
今日の
ポイント

「死刑にする」「死刑を執行する」
execute

executeはもともと、命令・計画・作戦などを「実行する」、義務・職務などを「遂行する」、令状・法律などを「執行する」という動詞。今日の場合は、人を「死刑にする」「死刑を執行する」という意味で登場しています。
そこで、タイトルのbody of executed Aum Founder Shoko Asaharaの部分は「死刑を執行されたオウム開祖・麻原彰晃（死刑囚）の遺体」ということです。また、executionは名詞形で「処刑」「死刑執行」ですね。

Heatwave in Japan: Tokyo Experiences 40-plus First Time on Record

The mercury rose to 40.8 in the city of Ome, Tokyo, on Monday, as most of Japan continues to suffer an unprecedented heatwave.

Jul24,2018

CHECK! ▶

- [ ] **heatwave** [híːtwèiv] … 酷暑、猛暑
- [ ] **40-plus** … 40度以上の、40度を超える
- [ ] **(for the) first time on record** … 記録上初めて→観測史上初めて
- [ ] **(the) mercury** … 水銀→気温計の水銀柱が示すもの→気温
- [ ] **suffer** [sʌ́fər] …（嫌なことを）経験する
- [ ] **unprecedented** [ʌnprésidèntəd] … 前例のない、かつてない

≡ 訳出のポイント

- plus は「プラスの」「正の」という形容詞で、「以上の」「上の」という意味にもなります。そこで、_-plus だと「__以上（の）」「__を超える」という言い方になります。今日のタイトルでは 40-plus なので「40（度）以上」「40度を超える」ということです。

- mercury は「水銀」。the mercury だと温度計、気圧計などの「水銀柱」の意味になります。そしてさらに、水銀柱が示す「温度」「気圧」を指して使われるようにもなっています。そこで、本文の頭 The mercury rose to 40.8 の部分は「気温が40.8度まで上昇した」ということです。

社会

対訳

「日本の酷暑：東京都で観測史上初の 40 度超」

日本のほとんどの地域で、かつてないほどの酷暑が続く中、月曜日に東京都の青梅市では、気温が 40.8 度まで上昇した。

2018 年 7 月 24 日

(for the) first time on record
「観測史上初めて」

on record は「記録された」「記録上では」。今日の場合は、天気・気温が話題なので「記録上では」→「観測された記録では」→「観測史上」という意味になりますね。つまり、(for the) first time on record で「観測史上初めて」というわけです。

Water Ice Detected on Moon's Surface

'Direct and definitive evidence' for water ice on the surface of the Moon in its polar regions has been found, according to new research.

Aug24,2018

CHECK! ▶

- [ ] **water ice** …（水からできた）氷→氷の状態の水
- [ ] **detect** [dɪtékt] …（存在を）発見する
- [ ] **surface** [sə́ːrfəs] … 表面、地表
- [ ] **direct and definitive evidence** … 直接的かつ決定的な証拠
- [ ] **polar regions** … 極域、極地域

≡ 訳出のポイント

- ice は「氷」。water ice というと「水の氷」「水からできた氷」の意で、"水"であることを強調する言い方になっています。つまり、「氷の状態の水」とでも訳すのが適切かもしれません。
- NASA が、月の極地に水が氷の状態で存在することを確認したと発表しました。月の極地域は以前より氷が存在するのではと注目されていて、これまでにも、極域の地球からは見えないポケット状の場所に氷が存在する兆候は見つかっていました。しかし今回の NASA の発表では、「直接的かつ決定的証拠を初めて発見した」とされています。氷（＝水）の存在が確実ならば、将来の月面基地計画における重要な資源となるかもしれません。

社会

☰ 対訳

「月面で氷を発見」

新研究によると、月の極域表面に氷の状態で水が存在する"直接的かつ決定的な証拠"が発見されたという。

2018年8月24日

おなじみの find と類似の意味を持つ動詞 detect

動詞 detect は「～を見つける」「～を見抜く」、成分などを「検出する」、存在などを「発見する」などの意味で使われます。おなじみの find と類似の意味になっていますね。

Nissan Chairman Carlos Ghosn Arrested over 'Significant Misconduct'

Nissan chairman Carlos Ghosn was arrested on Monday after an internal investigation found that he had underreported his compensation to the Japanese authorities over several years.

Nov21,2018

CHECK!

- [ ] **significant misconduct** … 重大な不正行為
- [ ] **internal investigation** … 内部調査
- [ ] **underreport** [ʌ̀ndərripɔ́rt] … 〜を過少申告する
- [ ] **compensation** [kɑ̀:mpənséiʃən] … 報酬
- [ ] **authorities** [əθɔ́:rətiz] … 当局

≡ 訳出のポイント

● underreport は「〜を（実際の数、正確な額より）少なく報告する」→「過少申告する」という動詞。compensation はもともと「埋め合わせ」「相殺」「賠償」「補償」という名詞。ここから、主に米国では「報酬」「支払い」「給与」の意味でも使われます。そこで、he had underreported his compensation to the Japanese authorities over several years の部分は「彼（＝ゴーン会長）が数年にわたって、彼の報酬を日本当局に対して過少申告していた」→「何年にもわたって日本当局へ報酬の過少申告していた」となっています。

社会

対訳

「日産のカルロス・ゴーン会長逮捕、『重大な不正行為』で」

月曜日、日産のカルロス・ゴーン会長が逮捕された。内部調査で、何年にもわたって日本当局へ報酬の過少申告をしていたことが明らかになったという。

2018年11月21日

【mis-（悪い）＋conduct（行為）】という成り立ちの名詞

misconductは【mis-（悪い）＋conduct（行為）】という成り立ちで、「悪い行為」→「非行」「不品行」「不倫」、あるいは公務員や管理的立場にある者の「職権濫用」「不正行為」「違法行為」を意味する名詞となっています。
そして、significantが「重要な」「重大な」という形容詞なので、significant misconductで「重大な不正行為」というわけです。

Road Rage Driver Gets 18-year Sentence in Japan

Japan's Yokohama District Court has sentenced a man to 18 years in prison for dangerous driving over last June's road rage incident on the Tomei Expressway that caused 2 deaths.

Dec17,2018

CHECK! ▶

- [ ] road rage … あおり運転
- [ ] _-year sentence … 懲役__年（の判決）
- [ ] Yokohama District Court … 横浜地方裁判所
- [ ] sentence（人）to _ years in prison …（人）に懲役__年の判決を下す
- [ ] Tomei Expressway … 東名高速道路
- [ ] cause _ deaths … __人の死者を出す→__人が死亡する

訳出のポイント

- sentence は「（人）に判決を下す」「（人）に判決を言い渡す」という動詞、あるいは「判決」「刑罰」「処罰」という名詞として英字新聞で頻出。今日のタイトルでは名詞として、本文では動詞として登場しています。
- 今回の裁判では、運転中の行為を想定した危険運転致死傷罪が停車中の事故にも適用されるか否かが最大の争点とされていました。横浜地裁の判決は、一連のあおり運転（＝危険運転）とその後の事故の間に因果関係があるとして、同罪の成立を認めた形となりました。

社会

「日本：あおり運転ドライバーに懲役18年」

日本の横浜地方裁判所が、昨年6月に東名高速で2人が死亡したあおり運転事件をめぐり、危険運転の罪で男に懲役18年の判決を下した。

2018年12月17日

あおり運転
英語で何て言う?

今日の記事でroad rageは、日本中の注目を集めた「東名あおり運転」の「あおり運転」に当たる英語として用いられています。ちなみに、「あおり運転」に近い英語表現としてはtailgatingも挙げられます。tailgateはもともと「ハッチバック車の後部ドア」を指す名詞ですが、「〜のすぐ後ろを運転する」「〜の後ろにぴったりついて走る」という動詞にもなっています。そこで、tailgatingは「直前の車にぴったりつけて運転すること」を指し、日本語の「あおり運転」に近いニュアンスでもしばしば使われる語です。

ただ、今回の事件では日本語では「あおり運転事件」と言われるものの、本質的には「道路上でキレた男が引き起こした事件」なので、英語の報道では上述のroad rageという表現が使われているわけですね。

Tokyo Court Grants ¥1 Billion Bail for Carlos Ghosn

The former boss of Nissan, Carlos Ghosn, was granted bail by the Tokyo District Court on Tuesday. The court set bail at one billion yen.

Mar6,2019

CHECK! ▶

- [ ] **Tokyo (District) Court** … 東京地方裁判所、東京地裁
- [ ] **grant bail** … 保釈を認める
- [ ] **former boss of Nissan** … 日産元会長
- [ ] **set bail at _ yen** … 保釈保証金を__円にする

≡ 訳出のポイント

- bail は「保釈」、あるいは「保釈（保証）金」を意味する名詞。grant が願いなどを「かなえる」、嘆願などを「許可する」「認める」という動詞なので、grant bail で「保釈を認める」という言い方になります。
- set A at B は「A を B に設定する」「A を B に決める」という言い方。そこで、本文第 2 文の The court set bail at one billion yen は「裁判所は保釈保証金を 10 億円に決定した」→「保釈保証金は 10 億円とされた」となっています。

社会

対訳

「東京地裁がカルロス・ゴーン被告の保釈認める 保釈金10億円」

東京地方裁判所が火曜日、日産元会長のカルロス・ゴーン被告の保釈を認めた。保釈保証金は10億円とされた。

2019年3月6日

Nissan boss ＝ 日産自動車の頂点にいる「会長」

boss「ボス」はすでに日本語として浸透していますね。もともとは「上司」「親方」「監督」など、あるいは「雇用主」「社長」に当たる語です。組織などの頂点にいる人を指すことも多いです。そこで、Nissan boss は日産自動車の頂点にいる「会長」を意味しています。つまり、former Nissan boss で「日産元会長」ということです。

Japan's Child Population Decreased by One Third

The number of children in Japan fell by 8 million, about a third, during the 30 years of the Heisei Era, the Ministry of Internal Affairs and Communications said.

May8,2019

CHECK!

- [ ] **child population** … 子ども人口
- [ ] **decrease (=fall) by _** … _減少する
- [ ] **one (=a) third** … 3分の1
- [ ] **Heisei Era** … 平成時代
- [ ] **Ministry of Internal Affairs and Communications** … 【日本】総務省

訳出のポイント

- third は three の序数で、「3番目の」「第3の」という意味でおなじみですね。a third あるいは one third のように使うと「3分の1」の意味になるので注意しましょう。そこで、タイトルの decreased by one third は「3分の1減った」「3分の1減少した」。そして、本文の fell by 8 million, about a third の部分は「800万、およそ3分の1減少した」ということです。
- era は他の時代と区別される政治上、歴史上の「時代」「時期」「時代区分」を意味する名詞。日本の年号に関しても「江戸時代」Edo Era、「昭和時代」Showa Era のように使われるので、ここでは Heisei Era で「平成時代」ということです。ただ、対訳では自然な日本文になるように単に「平成」と訳しています。

社会

対訳

「日本の子ども人口、3分の1減少」

総務省によると、日本の子どもの数は、平成の30年間で800万、全体のおよそ3分の1減少した。

2019年5月8日

decrease by _ および fall by _ で「_減少する」

decreaseは数量などが「減る」「減少する」「低下する」という動詞です。また、fallはもともと「落ちる」「落下する」の意味ですが、数量などが「減る」「減少する」という意味でも頻出。decrease by _ および fall by _ で「_減少する」という言い方になっています。

Column 5 社会ニュースのあれこれ

●2018年12月17日
日本：あおり運転ドライバーに懲役18年（224,225ページ）
2017年6月に神奈川県の東名高速道路で、あおり運転の末に別の車による追突事故を引き起こし家族4人を死傷させたとして、危険運転致死傷などの罪が問われていた「東名高速あおり運転事件」。

被告に対して、横浜地裁は懲役18年の判決を下したというニュースでした。

車を運転していると、いまだにあおり運転を目撃することがあります。あおられて急ブレーキをかけられても、絶対に道の真ん中で停まってはいけません。周囲の安全を見て、まずは駐車場などの安全そうな場所へ避難することです。高速道路ではサービスエリア（SA）やパーキングエリア（PA）へ、ですね。近くに警察署や交番があると、その付近に行くのもいいかもしれません。さすがに相手も、そこまでは追っかけてこないはず……。

同乗者がいる場合は、走行中でも「110」を頼むと良さそうです。停車後、不用意に車外へ出るのは危険ですからね。追っかけてきた相手が何をしてくるかわかりません。ドアロックも大事ですよ！

社会ニュースでよく見る単語・表現 ❶

ここまでの記事で出てきた重要表現を振り返ってみよう!

☐ die from ~「~で死亡する、~が原因で死亡する」(P192-193)

☐ hard-to-V「~するのが難しい、~することが困難な」(P194-195)
　☐ hard-to-control situation「制御困難な状況」
　☐ hard-to-get book「入手困難な本」

☐ (be) addicted to ~「~の依存症である」(P196-197)

☐ be arrested over ~「~で逮捕される」(P200-201)
　動詞arrestは「~を逮捕する」という意味で英字新聞頻出。
　☐ arrest(人)over ~「~をめぐって(人)を逮捕する」

☐ lift a ban「禁止を解除する、解禁する」(P208-209)

☐ vanish「姿を消す、行方がわからなくなる」(P210-211)

☐ (名詞)+aged _「__歳の(名詞)」(P214-215)

☐ road rage、tailgating「あおり運転」(P224-225)

Study: Almost 600 Plant Species Have Gone Extinct in Last 250 Years

A new study found that 571 plant species have been wiped from the Earth in the past 250 years, and this extinction rate is up to 500 times faster than it would be without human influence.

Jun18,2019

CHECK! ▶

- [ ] **plant species** … 植物種
- [ ] **go (=become) extinct** … 絶滅する
- [ ] **be wiped from the Earth** … 地球から消される→地球から姿を消す
- [ ] **extinction rate** … 絶滅の速度
- [ ] **up to** … 最大〜
- [ ] **human influence** … 人間の影響

訳出のポイント

- rate は「割合」「率」「歩合」の意味でおなじみの名詞。文脈によっては「速度」「ペース」といった意味にもなるので注意しましょう。今日の場合は extinction rate で「絶滅の速度」「絶滅のペース」ということです。
- 英王立植物園とスウェーデンのストックホルム大学の共同研究で、過去250年間に571種の植物が絶滅していたことがわかりました。この数字は、同期間に絶滅した鳥類・ほ乳類・両生類の2倍以上だそう。

社会

対訳

「研究：過去250年で600近い植物種が絶滅」

過去250年間に571種の植物が地球から姿を消していたことが、新たな研究で明らかになった。この絶滅速度は、人間の影響がなかったと仮定した場合の最大500倍だという。

2019年6月18日

今日のポイント

「〜を消し去る」というニュアンスでも頻出！ 動詞 wipe

wipeはもともと、物の表面を布や手などで「拭く」「ぬぐう」という動詞で、汚れや水気などを「拭き取る」「ぬぐい去る」という意味でもよく使われます。ここから比喩的に、「〜をぬぐい去る」→「〜を消し去る」というニュアンスでも頻出の単語となっています。
そこで、have been wiped from the Earth の部分は「地球から消し去られた」→「地球から姿を消した」=「絶滅した」ということですね。

Kyoto Animation Studio Fire: 33 Feared Dead

At least 33 people are feared dead and dozens injured in a suspected arson fire at an animation studio in Kyoto, Japan.

Jul19,2019

CHECK! ▶

- [ ] **(be) feared dead** … 死亡したとみられる
- [ ] **dozens** [dÁznz] … 数十人
- [ ] **suspected** [səspéktɪd] … 疑わしい
- [ ] **arson fire** … 放火による火災、放火火災

≡ 訳出のポイント

- fear は「心配する」「懸念する」という動詞。(be) feared dead は直訳すると「死んだと心配される」。「死亡したとみられる」「死亡したおそれがある」という表現になります。
- arson は「放火」「放火罪」。arson fire で「放火による火災」「放火火災」の意味になっています。suspected arson fire だと「放火が疑われる火災」「放火によると思われる火災」ということです。

社会

「京都のアニメスタジオ火災：33人死亡か」

日本の京都にあるアニメーション・スタジオで、放火によると思われる火災が発生し、少なくとも33人が死亡し、数十人がけがをしたとみられる。

2019年7月19日

「数十個」「数十人」を指すときにも使われる dozens

dozen は「ダース」「12個」。dozens だと「数ダース」の意味になりますが、大まかに「数十」→「数十個」「数十人」という意味で、しばしば使われます。ここでは、dozens (of people) injured で「数十人がけがをした」となっています。

WHO Report: One Person Kills Themselves Every 40 Seconds Worldwide

800,000 people die by suicide each year worldwide — one person every 40 seconds, according to a new report from the World Health Organization.

Sep9,2019

CHECK! ▶

- [ ] **WHO (World Health Organization)** … 世界保健機関
- [ ] **kill oneself** … 自殺する
- [ ] **die by suicide** … 自殺によって死亡する

訳出のポイント

- every _ seconds は「__秒おきに」という言い方。今日の場合は、one person every 40 seconds で「40秒おきに1人」「40秒に1人」となっています。つまり、one person (die by suicide) every 40 seconds の意味で「40秒に1人が自殺によって命を落とす」→「40秒に1人の割合で自殺者が出ている」というわけです。

- 今回の報告書によると、世界全体の自殺は 2010 年から 2016 年の間に 9.8% 減少したものの、依然として毎年 80 万人が自殺によって命を落としています。これは、マラリアや乳がん、戦争、殺人による死亡者数よりも多いということです。また、自殺死は preventable「予防が可能」であるにもかかわらず、行政が予防対策を講じている国はわずか 38 ヶ国にとどまっているとして、各国の対応を呼びかけています。

社会

対訳

「WHO報告書：世界では40秒に1人が自殺」

世界保健機関の新しい報告書によると、世界では毎年80万人が自殺によって命を落としており、つまり40秒に1人の割合で自殺者が出ているという。

2019年9月9日

複数の表現がある「自殺」

kill oneself は文字通り「自身を殺す」→「自殺する」。「自殺」と言う場合は killing oneself と言ってもよいですし、suicide という言い方も使われます。また、die by ～が「～によって死亡する」「～で命を落とす」という言い方なので、die by suicide だと「自殺によって死亡する」「自殺によって命を落とす」ということですね。

Fukushima Nuclear Disaster: Former Tepco Executives Found Not Guilty

Tokyo District Court on Thursday acquitted the former chairman and two former vice presidents of Tokyo Electric Power Company (Tepco), the firm operated the Fukushima Daiichi Nuclear Plant.   Sep20,2019

CHECK! ▶

- [ ] **former executives** … 旧経営陣
- [ ] **(be) found not guilty** … 無罪の判決を受ける
- [ ] **Tokyo District Court** … 東京地方裁判所
- [ ] **acquit** [əkwít] … ～に無罪判決を言い渡す
- [ ] **chairman** [tʃéərmən] … 会長　　[ ] **vice president** … 副社長
- [ ] **operate** [ά:pərèit] … ～を運営する
- [ ] **Tokyo Electric Power Company** … 東京電力
- [ ] **Fukushima Daiichi Nuclear Plant** … 福島第１原子力発電所

≡　訳出のポイント

- guilty は「有罪の」という形容詞。be found guilty で「有罪と認められる」→「有罪判決を受ける」という言い方です。今日の場合は、その否定形で be found not guilty なので「無罪判決を受ける」となっています。
- 逆に、本文で使われている動詞 acquit は、容疑について証拠不十分で（人に）「無罪を宣告する」「無罪判決を言い渡す」という動詞です。

社会

「福島原発事故：東電旧経営陣に無罪判決」

東京地方裁判所は木曜日、福島第1原子力発電所を運営していた東京電力の元会長と元副社長2人に無罪の判決を言い渡した。

2019年9月20日

executive の複数形は「幹部、経営陣」というニュアンスに

executive は企業などの「取締役」「重役」を意味する名詞ですね。executives と複数形で使われると「幹部」「経営陣」といったニュアンスの言い方になります。今日の場合は、東電の元会長および2人の元副社長のことをまとめて former executives と表現しており、対訳では「旧経営陣」としています。

Fire Destroyed Shuri Castle at World Heritage Site in Japan

A fire early Thursday burned down almost all of the main buildings at UNESCO World Heritage site of Shuri Castle in Okinawa, Japan.

Nov1,2019

CHECK! ▶

- [ ] **fire** [fáɪər] … 火災
- [ ] **Shuri Castle** … 【日本】首里城
- [ ] **(UNESCO) World Heritage site** … (ユネスコ) 世界遺産地
- [ ] **burn down** … ～を全焼させる

≡ 訳出のポイント

- early は「早い」、あるいは「早く」の意。early Thursday で「木曜日早く」「木曜日の早い時間に」→「木曜日未明に」という意味になっています。
- burn down は建物などを「焼き尽くす」「全焼させる」という句動詞。burned down almost all of the main buildings の部分は「主要な建物のほぼ全てを焼き尽くした」→「主要な建物をほぼ全焼させた」ということです。

社会

対訳

「日本：世界遺産地にある首里城が火災で焼失」

沖縄県のユネスコ世界遺産地にある首里城で、木曜未明に火災が発生し、主要な建物がほぼ全焼した。

2019年11月1日

「火事」「火災」に当たる英単語としても頻出 fire

fire は「火」「炎」を意味する名詞で、「火事」「火災」に当たる英単語としても頻出ですね。タイトルの Fire destroyed Shuri Castle は「火災が首里城を破壊した」→「火災で首里城が焼失した」ということです。

Pope Visits Nagasaki: 'We Cannot Repeat Past Mistakes'

Pope Francis stated that a world without nuclear weapons is possible, but only by involving everyone through cooperation, trust, dialogue, and prayer during his visit to Peace Park in Nagasaki, Japan.

Nov25,2019

CHECK!

- [ ] **Pope (Francis)** … ローマ教皇（フランシスコ）
- [ ] **repeat past mistakes** … 過去の過ちを繰り返す
- [ ] **state** [stéit] …【動詞】〜を述べる
- [ ] **nuclear weapons** … 核兵器
- [ ] **involve everyone** … 全ての人を巻き込む→全ての人が関わる
- [ ] **through cooperation, trust, dialogue and prayer** … 協力、信頼、対話、そして祈りを通じて
- [ ] **Peace Park** … 平和公園

≡ 訳出のポイント

- 動詞 state は意見、問題、事実などを、正式にはっきりと「述べる」「言明する」「言う」の意。say と意味的には似ているわけですが、より堅い語と捉えておきましょう。
- 世界に約13億人の信者を擁するローマ・カトリック教会の頂点にいるフランシスコ教皇が、23日に来日。教皇の日本訪問は38年ぶりで2回目です。24日には被爆地の長崎、広島を訪れました。

社会

対訳

「ローマ教皇が長崎訪問:『過去の過ちを繰り返してはならない』」

日本の長崎市にある平和公園を訪れたローマ教皇フランシスコは、核兵器のない世界は実現可能だが、協力、信頼、対話、そして祈りを通じて全ての人が関与することが不可欠であると述べた。

2019年11月25日

今日のポイント

「あり得る」「なし得る」などの意味合いでも使う possible

possible は「可能な」「できる」という意味でおなじみの形容詞。日本語の「あり得る」「なし得る」「実現可能である」などに当たる意味合いで使われることも多い語です。ここでは a world without nuclear weapons is possible で「核兵器のない世界はあり得る」「核兵器のない世界は実現可能である」。そして、それに続く but only by involving everyone through cooperation, trust, dialogue, and prayer の部分も合わせると「核兵器のない世界は実現可能である、しかし、協力、信頼、対話、そして祈りを通じて全ての人が関与することのみによる」。すなわち「核兵器のない世界は実現可能であるが、協力、信頼、対話、そして祈りを通じて全ての人が関与することのみによって(可能になる)」→「核兵器のない世界は実現可能だが、(そのためには)協力、信頼、対話、そして祈りを通じて全ての人が関与することが不可欠である」というわけです。

Japan Confirms First Domestic Transmission of New Coronavirus

Tokyo confirmed Tuesday the first Japanese case of a new coronavirus, who has no history of travel to Wuhan, China.

Jan30,2020

CHECK! ▐▐▐▶

- [ ] **domestic transmission** … 国内感染
- [ ] **case** [kéɪs] … 患者→感染者
- [ ] **history of travel** … 渡航歴

≡ 訳出のポイント

- history of travel は「旅行歴」「渡航歴」。ここでは history of travel to Wuhan, China で「中国の武漢市への渡航歴」ということです。コンマ以下の who has no history of travel to Wuhan, China の部分は、その直前の the first Japanese case of a new coronavirus「初の日本人の新型コロナウイルス感染者」を説明する文節であり、「中国の武漢市への渡航歴を持たない(初の日本人の新型コロナウイルス感染者)」となります。
- 厚労省は28日、新型コロナウイルスで日本人の感染者が初めて確認されたことを明らかにしました。感染したのは関西在住のバス運転手。武漢からのツアー旅行者をバスに乗せていたといいます。この感染者は日本人初というだけでなく、武漢市への渡航歴がないという点でも初めてということです。

社会

対訳

「新型コロナウイルス、日本で初の国内感染確認」

日本政府は火曜日、新型コロナウイルスで、中国の武漢市への渡航歴がない、初の日本人感染者を確認した。

2020年1月30日

「自国の、国内の、国産の」という意味でも頻出 domestic

domestic はもともと「家庭の」「家庭内の」という形容詞。ここから（国＝家庭と考えて）、「自国の」「国内の」「国産の」という意味でも頻出の単語です。そして transmission は病気、病原体の「伝染」。したがって domestic transmission で「国内における伝染」→「国内感染」ですね。

$1M Treasure Hidden in the Rocky Mountains Was Finally Found

A treasure chest full of gold and jewels worth more than $1 million was found in the Rocky Mountains, an art dealer who hid it there more than a decade ago announced on his website.

Jun10,2020

CHECK! ▶

- [ ] **treasure** [tréʒər] … 財宝
- [ ] **treasure chest** … 宝箱
- [ ] **hide** [háɪd] (→hid→hidden) … 〜を隠す
- [ ] **jewel** [dʒúːəl] … 宝石
- [ ] **worth $_** … __ドルの価値がある、__ドル相当の
- [ ] **art dealer** … 美術商
- [ ] **decade** [dékeɪd] … 10年

訳出のポイント

- worth more than $1 million の部分は、金や宝石を説明しているわけで「100万ドル以上に相当する（金や宝石がつまった宝箱）」となっています。
- 本文後半については、an art dealer【who hid it there more than a decade ago】announced on his website と考えてください。つまり「【それ＝（宝箱）をそこ（＝ロッキー山脈）に隠した】美術商が自身のウェブサイトで発表した」というわけです。
- カリフォルニア州の美術商は2010年、宝箱をロッキー山脈の山中に隠したことを発表。自伝の中に隠し場所のヒントを記し、宝探しを仕掛けました。35万人以上が挑戦したそうです。

社会

対訳

「ロッキー山脈に隠された100万ドルの財宝、ついに見つかる」

100万ドル（約1億1千万円）以上に相当する金や宝石がつまった宝箱が、ロッキー山脈で発見されたという。10年以上前にそれを隠した美術商が、自身のウェブサイトで発表した。

2020年6月10日

木でできたふた付きの 丈夫な保存用の「箱」chest

treasureは「財宝」「宝物」。ここから、「富」「財産」という意味でも用いられます。chestは通例は木でできたふた付きの丈夫な保存用の「箱」を指します。例えばa carpenter's chestは「大工の箱」→「大工の道具箱」、a medicine chestだと「薬箱」になります。
今日の場合はa treasure chestで「宝箱」「宝物箱」ですね。

Japan's 'Fugaku' Supercomputer Ranked World's Fastest

The Fugaku supercomputer, developed jointly by Japan's state-backed Riken and Fujitsu, became the world's fastest for computing speed, according to the latest TOP500 ranking.

Jun24,2020

CHECK! ▶▶▶▶

- [ ] **supercomputer** [sùːpərkəmpjúːtər] … スーパーコンピューター
- [ ] **(be) ranked** … 〜にランクされる（順位づけられる）
- [ ] **jointly** … 共同して
- [ ] **state-backed** … 国が支援する
- [ ] **Riken** … 理研、理化学研究所
- [ ] **computing speed** … 計算速度

訳出のポイント

- the world's fastest for computing speed の前置詞 for は、【関連】を表す用法だと捉えましょう。つまり for computing speed で「計算速度に関して」「計算速度について」、全体では「計算速度に関して世界で最速（となった）」→「計算速度で世界最速（となった）」ということです。
- TOP500 は、スーパーコンピューターの計算速度を半年ごとに評価する世界ランキング。その開発には半導体など多くの先端技術が必要とされ、自然科学や産業など幅広い研究分野における発展の原動力となることから、各国の科学技術の水準を示す象徴的な存在とも言えます。

社会

対訳

「日本のスパコン『富岳』が世界最速に」

最新のTOP500ランキングによると、日本政府が支援する理化学研究所と富士通が共同開発したスーパーコンピューター「富岳（ふがく）」が計算速度で世界最速となった。

2020年6月24日

今日のポイント

「～を共同開発する」 jointly develop

jointlyは「一緒に」「共同して」「合弁で」という副詞。jointly develop ～で「～を共同して開発する」→「～を共同開発する」という言い方です。つまり、コンマにはさまれた(be)developed jointly by Japan's state-backed Riken and Fujitsuの部分は「日本政府が支援する理化学研究所と富士通によって共同開発された」→「日本政府が支援する理化学研究所と富士通が共同開発した」ということですね。state-backedは直訳すると「国に支持された」「国に支援を受けた」の意で、「国が支持する」→「政府が支援する」という意味の形容詞です。

Japan: Hiroshima Marks 75th Atomic Bomb Anniversary

Hiroshima marked the 75th anniversary of the dropping of the world's first atomic bomb by the United States on Thursday.

Aug 7, 2020

CHECK!

- [ ] **mark the _th anniversary** … __周年を迎える
- [ ] **atomic bomb** … 原子爆弾
- [ ] **dropping** [drápiŋ] … 落とすこと→（原爆の）投下

訳出のポイント

- drop は「落ちる」「落とす」という動詞で、dropping はその現在分詞が名詞化した語です。つまり「落ちること」「落とすこと」→「落下」「投下」の意味になります。the dropping of the world's first atomic bomb by the United States の部分は「米国による世界で最初の原子爆弾の投下」というわけです。
- 原爆投下から75年を迎えた広島では、新型コロナ流行のため例年よりも規模を縮小する形で記念式典が行われました。1945年8月6日、アメリカ軍が広島市上空に原爆を投下。約14万人の命が一瞬にして失われました。その3日後には長崎にも原爆が投下され、約1週間後に日本は降伏。第2次世界大戦が終焉を迎えたことは周知の通りですね。

社会

「日本：広島、原爆75周年を迎える」

木曜日、広島は米国による世界で最初の原子爆弾投下から75周年を迎えた。

2020年8月7日

anniversary を使った、周年、記念日を指す表現

anniversaryの語源は「毎年回ってくるもの」という意味のラテン語anniversarius。ここから、通例は複合語（＝別の語との組み合わせ）で「＿＿周年記念（日）」「記念祭」「記念行事」という名詞になっています。日本では、特に(wedding) anniversary「結婚記念日」を指す表現としてよく知られていますが、実際にはよいことも悪いことも含めて、色々な「（周年）記念（日）」に用いられる単語です。_th anniversaryで「＿＿周年（記念日）」、mark the _th anniversaryだと「＿＿周年を記念する」「＿＿周年を迎える」という言い方になっています。

Tokyo Amusement Park Toshimaen Closes Its Doors after 94 Years

Tokyo's Toshimaen, one of the oldest amusement parks in Japan, ended its 94-year-long history on Monday.

Sep1,2020

CHECK! ▐▐▐▐▶

- [ ] amusement park … 遊園地
- [ ] close its doors … 門を閉ざす→閉園する
- [ ] end one's _year-long history … ～の__年の歴史に幕を下ろす

訳出のポイント

- close its doors は、直訳すると「門を閉ざす」。店などが「閉店する」、工場、施設などが「閉鎖する」という表現です。今日のタイトルでは、主語は遊園地なので「閉園する」ということですね。タイトル全体では「東京の遊園地のとしまえんが（開園から）94年後に閉園する」→「東京の遊園地のとしまえんが94年の歴史に幕を下ろす」というわけです。
- 東京都練馬区で1926年に開園した「としまえん」。大正・昭和・平成・令和と4つの時代にわたって首都圏で愛されてきたとしまえんが閉園したというニュースでした。

社会

≡　　　　　　　対訳

「東京の遊園地『としまえん』、94年の歴史に幕」

月曜日に、日本で最も古い遊園地のひとつである東京の「としまえん」が、94年の歴史に幕を下ろした。

2020年9月1日

今日のポイント

「～の__年の歴史に幕を下ろす」英語で何て言う？

動詞 end は「～を終わらせる」「～を終了させる」の意。end one's _year-long history だと「～の__年の歴史を終わらせる」→「～の__年の歴史に幕を下ろす」という言い方です。そこで、ended its 94-year-long history は「その（＝としまえんの）94年の歴史に幕を下ろした」となっています。

Coronavirus: Global Death Toll Surpasses One Million

The number of people who have died from Covid-19 worldwide has surpassed one million, with more than 33 million total cases.

Sep30,2020

CHECK! ▶

- [ ] **death toll** … 死者数
- [ ] **surpass** [sərpǽs] … 〜を超える
- [ ] **die from** … 〜(が原因)で死亡する

≡ 訳出のポイント

- surpass の語源は「超越する」「上に出る」という意味の中期仏語 surpasser。ここから「〜より勝る」「〜をしのぐ」「〜を超える」「〜を上回る」という動詞になっています。
- コンマ直後の前置詞 with は、【同時】を表す用法だと考えてください。つまり with more than 33 million total cases の部分は「3300万以上の総感染者と同時に(ともに)」。つまり、前半部分を受けて(新型コロナウイルス感染による世界全体の死亡者数が100万を超えたと同時に)「感染者の総計は3300万人以上となっている」というわけですね。

社会

対訳

「新型コロナ：世界全体の死者数100万人超え」

新型コロナウイルス感染で死亡した人の数が、世界全体で100万人を突破した。感染者は総計3300万人以上となっている。

2020年9月30日

英字新聞でも頻出の重要表現 death toll

death tollは事故、災害、あるいは戦争などによる「死亡者数」「死者数」を意味する言い方。英字新聞でも頻出の重要表現なので、しっかり再確認しておきましょう。global death tollだと「全世界の死亡者数」→「世界全体での死者数」ということですね。

Soccer Legend Diego Maradona Dies

Soccer legend Diego Maradona, one of the greatest players of all time, died after suffering a cardiac arrest at the age of 60.

Nov27,2020

CHECK! ▶

- [ ] **soccer legend** … サッカー界のレジェンド
- [ ] **〜 of all time** … 空前の〜
- [ ] **suffer a cardiac arrest** … 心不全を起こす

訳出のポイント

- 〜 of all time は「全ての時代の中で〜」→「後にも先にもない〜」「古今を通じてまれに見る〜」→「空前（絶後）の〜」という言い方。したがって one of the greatest players of all time の部分は「古今を通じてまれにみる最高のプレーヤーの１人」→「史上最高のプレーヤーの１人」となっています。
- suffer は肉体的、精神的に「苦しむ」「不快な経験をする」という動詞。病気や痛みなどに「苦しむ」「患う」という意味合いでも頻出です。そこで、suffer a cardiac arrest は「心不全を患う」→「心不全を起こす」という言い方になっています。つまり、died after suffering a cardiac arrest で「心不全を起こした後で死去した」→「心不全を起こして死去した」というわけですね。

社会

対訳

「サッカー界のレジェンド、ディエゴ・マラドーナ氏が死去」

サッカー界のレジェンドで史上最高のプレーヤーの1人、ディエゴ・マラドーナさんが、心不全を起こし死去した。60歳だった。

2020年11月27日

「サッカー」は soccer ? football ?

「サッカー」は米国では soccer ですが、英国を含めた欧州、豪州などでは football と呼ばれることも再確認しておきましょう。逆に、米国で football というと American football「アメフト」を意味するのが通例です。

Global Covid-19 Cases Top 100 M

Global Covid-19 cases surpassed 100 million Tuesday as virus mutations create new concerns, according to a tally from Johns Hopkins University.

Jan28,2021

CHECK! ▸

- top [tá:p] (=surpass) … 〜を超える
- virus mutation(s) … ウイルスの（突然）変異
- create new concerns … 新たな懸念を生む
- tally [tǽli] … 集計

訳出のポイント

- タイトルの 100 M は 100 million の意です。million は「100万」。10 million は「1千万」で、100 million だと「1億」になりますね。top および surpass は「〜を超える」「〜を上回る」という動詞なので、top (surpass) 100 million で「1億を超える」「1億を突破する」という表現です。

- create は新しいものを「創造する」「作り出す」という動詞。create new concerns で「新しい懸念を生み出す」「新たな懸念を生じさせる」という言い方になるわけです。as virus mutations create new concerns の部分は「（新型コロナ）ウイルスの突然変異が新たな懸念を生み出す中」→「新型コロナウイルスの突然変異によって新たな懸念が生じる中」となっています。

社会

対訳

「世界の新型コロナ感染、1億人突破」

ジョンズ・ホプキンズ大学の集計によると、新型コロナウイルスの突然変異によって新たな懸念が生じる中、世界全体の感染者数は火曜日に1億人を突破した。

2021年1月28日

「突然変異する」という動詞 mutate から派生した名詞

mutate は「変化する」「突然変異する」という動詞。この mutate から派生した名詞の mutation は「変化」「変形」「突然変異」の意味になっています。今日の場合は virus mutation「ウイルスの突然変異」です。

No International Spectators at Tokyo Olympics

The Tokyo Olympic and International Olympic Committees decided to ban spectators from abroad during the games this summer due to concerns over the coronavirus pandemic.

Mar22,2021

CHECK! ▶

- [ ] **spectator(s)** [spékteɪtər] … 観客
- [ ] **Tokyo Olympic Committee** … 東京五輪大会組織委員会
- [ ] **International Olympic Committee** … 国際オリンピック委員会
- [ ] **decide** [dɪsáɪd] … 決定する
- [ ] **ban** [bǽn] … 〜を禁止する→〜を受け入れない
- [ ] **from abroad** … 海外から
- [ ] **due to concerns over** … 〜に対する懸念から
- [ ] **coronavirus pandemic** … コロナ禍

☰ 訳出のポイント

- decide to V は「〜しようと決心する」「〜することを決定する」。そこで decided to ban spectators from abroad during the games this summer の部分は「この夏の大会の間、海外からの観客を禁止することを決定した」→「今夏の大会開催期間中に海外からの観客を受け入れないことを決定した」ということです。
- due to 〜は「〜の原因で」「〜のために」「〜から」のように理由、原因を表す言い方です。

社会

対訳

「東京五輪、海外からの観客はなし」

東京五輪大会組織委員会と国際オリンピック委員会は、コロナ禍に対する懸念から、今夏の大会開催期間中に海外からの観客を受け入れないことを決定した。

2021年3月22日

TODAY'S POINT
今日のポイント

「観客、観衆」を指す spectator 複数形 s の有無に注意

spectator の原意は「じっと見る人」。ここから「見物人」「目撃者」、あるいはスポーツの試合、イベント、ショーなどの「観客」「観衆」を意味する名詞となっています。spectator は可算名詞（数えられる名詞）なので、(a) spectator だと「1人の観客」になってしまいます。したがって、日本語で日常的に「観客」という場合は、ほぼ複数形の spectators に当たるので、この点にも注意しておきましょう。

今日のタイトルでは international spectators で「国際的な観客」→「海外からの観客」ということです。そしてこれは、本文では spectators from abroad と言い換えられていますね。

US Approves First New Alzheimer's Drug in Nearly 20 Years

The US Food and Drug Administration on Monday approved the first new drug for Alzheimer's disease since 2003. Aducanumab was developed for patients with mild cognitive impairment and intends to slow the progression of the disease, not just ease the symptoms.

Jun9,2021

CHECK! ▶

- [ ] **approve** [əprúːv] … 承認する
- [ ] **Alzheimer's (disease)** … アルツハイマー病
- [ ] **Food and Drug Administration** … 【米国】食品医薬品局
- [ ] **Aducanumab** … 【薬剤名】アデュカヌマブ
- [ ] **mild cognitive impairment** … 軽度の認知（機能）障害
- [ ] **intend to** … 〜を目的とする
- [ ] **slow the progression (of the disease)** … （病気の）進行を遅らせる
- [ ] **ease the symptoms** … 症状を緩和する

訳出のポイント

- FDAと略され、英字新聞でも頻出の「食品医薬品局」。医療品規制や食品の安全を責務とする米国の政府機関です。
- 「アデュカヌマブ」は、米バイオ医薬品大手バイオジェンと日本の製薬大手エーザイが共同開発したアルツハイマー病の治療薬。認知機能の低下を長期的に抑制する世界初の薬です。

社会

対訳

「米が新アルツハイマー治療薬を承認、約20年ぶり」

米食品医薬品局は月曜日、2003年以来初となる新たなアルツハイマー病治療薬を認可した。「アデュカヌマブ」は軽度の認知障害を持つ患者のために開発され、症状の緩和だけではなく病気の進行を遅らせることを目的としている。

2021年6月9日

「（心身の苦痛や心配・不安などを）和らげる」ease

ease は「〜を緩める」「〜をほどく」という動詞。心身の苦痛や心配・不安などを「和らげる」「軽減する」「楽にする」という意味合いでもよく使われます。そこで、本文末尾の ease the symptoms は「症状を和らげる」「症状を緩和する」となっています。

Philippine President Says 'Get Vaccinated or Go to Jail'

Philippine President Rodrigo Duterte said "You choose, vaccine or I will have you jailed," in a televised address on Monday as his country fights against one of Asia's worst Covid-19 epidemics.

Jun23,2021

CHECK! ▶

- [ ] **get vaccinated** … ワクチン接種を受ける
- [ ] **go to jail** … 刑務所に行く→投獄される
- [ ] **jail** [dʒéɪl] …【動詞】〜を投獄する
- [ ] **televised address** … テレビ演説
- [ ] **fight against** … 〜と闘う
- [ ] **epidemic** [èpədémɪk] …（感染症の）まん延、大流行

訳出のポイント

- vaccinate は vaccine「ワクチン」から派生した動詞。病気に対する「ワクチン（予防接種）をされる」、あるいは「（人に）ワクチン接種をする」という意味です。通例は受動態の be vaccinated、あるいは get vaccinated という形で「ワクチン接種を受ける」の意味で用います。
- 新型コロナの大流行で、累計感染者数は 130 万人超、死者は 2 万 3 千人を超えているフィリピン。現時点で 1 回以上ワクチン接種を受けたのは、人口 1 億 1 千万人の約 2％にとどまっているということです。

社会

対訳

「フィリピン大統領『ワクチン接種しなければ投獄』」

アジアで最悪規模の新型コロナウイルス感染まん延と闘うフィリピンのロドリゴ・ドゥテルテ大統領は、月曜日のテレビ演説で「ワクチンか投獄されるかを選ぶことになる」と述べた。

2021年6月23日

【使役】の用法で使われている have

今日のタイトル get vaccinated or go to jail「ワクチン接種を受けなさい、さもなければ刑務所に行く（ことになる）」→「ワクチン接種しなければ投獄するぞ」は、本文で引用されているドゥテルテ大統領の言葉、"You choose, vaccine or I will have you jailed" を簡潔にしたものです。ちなみに I will have you jailed における have は【使役】の用法です。「～してもらう」「～させる」という意味で、直訳すると「私は（誰かに）あなたを投獄してもらう」。要するに、大統領が自らの手で"投獄する"のではなく、誰か（おそらく警察などの当局）に"投獄させる"という意味合いです。この部分の対訳では簡潔に「あなたたちはワクチン（接種）を選ぶ、そうしなければ私が（あなたたちを）投獄させる」→「ワクチンを選びなさい、さもなければ私があなたたちを投獄させる」→「（あなたたちは）ワクチンか投獄されるかを選ぶことになる」としています。

Shohei Ohtani Becomes 1st Two-way Player Picked for All-Star Game

Japan's Shohei Ohtani became the first ever Major League Baseball player to be selected for the All-Star game both as a pitcher and a hitter.

Jul6,2021

CHECK!

- [ ] **two-way player** … 二刀流選手
- [ ] **(be) picked (=selected) for (the) All-Star game** … オールスター戦に選ばれる
- [ ] **Major League Baseball** … メジャーリーグ野球、大リーグ野球
- [ ] **hitter** [hítər] … 打者、バッター

訳出のポイント

- 花、果実などを「摘み取る」「つまみ取る」といった意味でよく使われる pick。もともとは、人や物を「(入念に) 選ぶ」「精選する」という動詞です。select とほぼ同義になります。よって、タイトルにある 1st two-way player (who was) picked for All-Star game の部分は「オールスター戦に選出された最初の二刀流選手」となります。
- 日本で言う「打者」「バッター」。英語では batter とも言いますが、hitter の方がより一般的です。

社会

≡　　　　　　　対訳

「大谷翔平、オールスター史上初の二刀流選出」

日本の大谷翔平が、メジャーリーグ野球のオールスター戦に、史上初めて投手と打者の両方で選出された。

2021年7月6日

形容詞 two-way を使った表現

形容詞 two-way は「2通りの」「2方向の」という文字通りの意味を持ちます。two-way traffic「対面通行」、two-way communication「双方向のコミュニケーション」として使われます。では、タイトルに出てくる two-way player という表現は「投手としても打者としても優れた野球選手」や「攻撃と守備の両方に秀でたバスケットボール選手」など、いわゆる「二刀流選手」に当たる意味合いになります。今回は、大リーグの大谷翔平選手の話題。つまり、投打兼ね備えた「二刀流選手」ということです。

Former Japanese Top Bureaucrat Gets 5 Years for 2019 Tokyo Crash That Killed Two

A 90-year-old former top bureaucrat was sentenced to five years in prison for negligence over a 2019 car accident in Tokyo that killed a woman and her 3-year-old daughter.

Sep3,2021

CHECK! ▐▐▐▶

- [ ] **former** [fɔ́:rmər] … 元〜
- [ ] **top bureaucrat** … トップ官僚
- [ ] **get _ years** (=be sentenced to _ years in prison) … 禁錮__年の判決を受ける
- [ ] **crash** [kræʃ] (=car accident) … 自動車事故、交通事故
- [ ] **negligence** [néglɪdʒəns] … 【法律】過失
- [ ] **daughter** [dɔ́:tər] … 娘

訳出のポイント

- 名詞 crash はもともと、物が倒れたり、壊れる時の「すさまじい音」「砕ける音」を意味します。ここから、乗り物などの「衝突（事故）」、飛行機の「墜落」「不時着」を指して使われることも多い語です。今日の場合は、本文で言い換えられているように crash = car accident「自動車事故」を意味しています。
- 2019年4月、東京池袋で乗用車が暴走。次々と通行人をはね、31歳の女性とその3歳の娘が死亡、9人が負傷した事故は日本中を震撼させました。

社会

「日本の元トップ官僚に禁錮5年の実刑、2019年の交通事故で2人死亡」

東京で女性と3歳の娘が死亡した2019年の自動車事故をめぐり、90歳の元トップ官僚が過失運転で禁錮5年の判決を受けた。

2021年9月3日

今日のポイント

法律用語の「過失」「不注意」を英語で言うと?

negligenceは責任ある人などの「怠慢」「不注意」を意味する名詞。法律用語では「過失」「不注意」の意味になります。今日の記事では、自動車事故に関する判決が話題なので、「過失(運転)」と訳しています。

NASA Spacecraft Reaches Solar Corona for the First Time Ever

NASA announced on Tuesday that its Parker Solar Probe reached the sun's outer atmosphere or corona for the first time in history.

Dec17, 2021

CHECK! ▶

- [ ] **NASA** [nǽsə] … 米航空宇宙局
- [ ] **spacecraft** [spéiskræft] … 宇宙船、宇宙探査機
- [ ] **reach** [ríːtʃ] … 〜に達する
- [ ] **solar corona** … 太陽コロナ
- [ ] **outer atmosphere** … 外層大気圏

訳出のポイント

- NASA は National Aeronautics and Space Administration「航空宇宙局」。日本語でも NASA で通じるようになっていますが、訳す場合には「米航空宇宙局」が通例となっています。
- タイトル中の for the first time ever は「これまでで初めて」→「史上初めて」という言い方。本文中の for the first time in history「歴史上初めて」と同意になっています。
- or は「または〜」「あるいは〜」という【選択】の意味の接続詞としておなじみですが、「すなわち〜」「言い換えれば〜」という【換言】の用法でもしばしば登場します。今日の場合も sun's outer atmosphere or corona で「太陽の外層大気圏、すなわちコロナ」→「太陽の外層大気圏であるコロナ」となっています。

社会

対訳

「NASA宇宙探査機が太陽コロナに到達、史上初」

米航空宇宙局（NASA）の「パーカー・ソーラー・プローブ」が歴史上初めて、太陽の外層大気圏であるコロナに到達した。NASAが火曜日に発表した。

2021年12月17日

太陽コロナと「コロナウイルス」の関係

solar coronaのcoronaはcorona virus「コロナウイルス」のcoronaと同じなので、「あれっ？」と思う人もいるかもしれませんね。coronaはもともと「冠」を意味するラテン語。ここから、太陽や月の「光冠」＝「コロナ」を意味する名詞となりました。

この、光の輪（光冠）のように見えるsolar coronaは、太陽の表面から2,000kmほど上空にある大気層のことで、100万度以上もある高温ガスでできているそうです。ちなみに「コロナウイルス」については、ウイルスを顕微鏡で見たときに、大きな「冠状」corona-like = coronalの表面突起があることから、corona virusと呼ばれるようになったということです。

Column 6　社会ニュースのあれこれ

●2020年1月30日
新型コロナウイルス、日本で初の国内感染確認（244,245ページ）
新型コロナウイルスで、中国の武漢市への渡航歴がない日本人感染者を初めて確認したという話題。

コロナ禍といえば、私の会社のスタッフ（M君）から聞いた話が衝撃的でした。

M君とその奥さんがスーパーに買い物に行った時のこと。
そのスーパーの脇には急な坂があり、重そうな荷物を載せたシルバーカーをガラガラ押しながら坂を上っているご年配の女性がいたのだそうです。

M君の奥さんが駆け寄りながら「上まで押しましょうか？」と声をかけると、あろうことか「近寄るな!!　感染する!!」と、怒鳴りつけられたのだとか……。

ご年配の方の死亡率が高いと、ニュースでさんざん言われていた時期ではありましたが……。コロナ禍は人として大事な何かを奪ってしまったのではないか、と思わずにいられないエピソードでした。

私はそんな爺さんにはなるまい……。

社会ニュースでよく見る単語・表現 ❷

ここまでの記事で出てきた重要表現を振り返ってみよう！

- [ ] dozens「**数十個、数十人**」(P234-235)
  dozenは「ダース、12個」。複数形だと大まかに「数十」→「数十個、数十人」という意味でしばしば使われます。

- [ ] be found guilty「**有罪判決を受ける**」(P238-239)
  - [ ] be found not guilty「**無罪判決を受ける**」

- [ ] domestic「**自国の、国内の、国産の**」(P244-245)

- [ ] jointly develop「**〜を共同開発する**」(P248-249)

- [ ] _th anniversary「**__周年（記念日）**」(P250-251)
  - [ ] mark the _th anniversary「**__周年を記念する、__周年を迎える**」

- [ ] end one's _year-long history「**〜の__年の歴史に幕を下ろす**」(P252-253)

- [ ] death toll「**（事故、災害、戦争などによる）死亡者数、死者数**」(P254-255)

INDEX

CHECK!欄に出てくる単語をアルファベット順に並べました。
数字は、単語が出てくるページです。
学習のまとめ、単語の総整理などにお使いください。

A

- [ ] 40-plus ... 218
- [ ] a complete set ... 130
- [ ] a dramatic decline in births ... 90
- [ ] a glass of vintage Scotch ... 106
- [ ] abolish presidential term limits ... 34
- [ ] according to officials ... 80
- [ ] acquit ... 238
- [ ] Aducanumab ... 262
- [ ] adult population ... 196
- [ ] affect ... 134
- [ ] aged _ ... 214
- [ ] aim ... 50
- [ ] aim to V ... 112
- [ ] all member nations ... 28
- [ ] allow ... 118
- [ ] allow (人) to V ... 90
- [ ] alongside ... 176, 214
- [ ] Alzheimer's (disease) ... 262
- [ ] ambassador ... 14
- [ ] Ambassador to the United Nations ... 28
- [ ] amusement park ... 252
- [ ] ancient ceremony ... 68
- [ ] announce one's intention ... 76
- [ ] announce one's resignation ... 76
- [ ] annual ... 122, 162
- [ ] anticorruption ... 58
- [ ] appear on ... 174
- [ ] approve ... 42, 84, 262
- [ ] arson fire ... 234
- [ ] art dealer ... 246

- ☐ as part of efforts to ... 156
- ☐ Asian tour ... 24
- ☐ Asperger's (syndrome) ... 174
- ☐ atomic bomb ... 250
- ☐ attend ... 68
- ☐ attract tourists ... 102
- ☐ auction ... 120
- ☐ Aum (Shinrikyo) ... 216
- ☐ authorities ... 222
- ☐ autographed ... 144

B

- ☐ ballistic missile test ... 28
- ☐ ban ... 156, 260
- ☐ (be) addicted to ~ ... 196
- ☐ (be) almost certain ... 78
- ☐ be arrested over ... 200
- ☐ be (become) engaged ... 16
- ☐ be crowned ... 56
- ☐ be currently worth ... 116
- ☐ (be) estimated at ... 132
- ☐ be estimated to ... 196
- ☐ be estimated to be $_ ... 154
- ☐ be expected to ... 148
- ☐ be exposed as ... 106
- ☐ (be) feared dead ... 234
- ☐ (be) found not guilty ... 238
- ☐ (be) hit by ... 182
- ☐ (be) picked (=selected) for (the) All-Star game ... 266
- ☐ (be) ranked ... 248
- ☐ (be) re-elected ... 74
- ☐ be required to ... 72
- ☐ (be) set for ... 168
- ☐ be set to ... 16, 56
- ☐ (be) set to V ... 168
- ☐ be wiped from the Earth ... 232
- ☐ become available ... 80
- ☐ behind ... 104
- ☐ Belgian ... 214
- ☐ belly ... 210
- ☐ billionaire ... 172
- ☐ blast(=explosion) ... 190
- ☐ body ... 200, 216
- ☐ bomb cyclone ... 204
- ☐ boost bilateral ties ... 60
- ☐ Buckingham Palace ... 88
- ☐ burn down ... 240

C

- ☐ caffeine ... 192
- ☐ called ... 22
- ☐ capital ... 30
- ☐ capture a slice of wireless spectrum ... 112
- ☐ case ... 244
- ☐ cause _ deaths ... 224
- ☐ cause severe brain damage ... 194
- ☐ celebrate (=go through) ... 94

- ☐ celebrate the _th anniversary ... 128
- ☐ celebrity tycoon ... 132
- ☐ census ... 90
- ☐ Centre for Economics and Business Research ... 158
- ☐ CEO (=chief executive officer) ... 160, 174
- ☐ chairman ... 238
- ☐ charge ... 72
- ☐ Chief Cabinet Secretary ... 78
- ☐ child population ... 228
- ☐ CIA(=Central Intelligence Agency) ... 62
- ☐ citizen ... 80
- ☐ classmate ... 16
- ☐ close above _ mark ... 164
- ☐ close its doors ... 252
- ☐ comedy program ... 174
- ☐ coming of age ... 94
- ☐ commercial whaling ... 50, 126
- ☐ compensation ... 222
- ☐ complete denuclearization ... 40
- ☐ complete with ... 152
- ☐ computing speed ... 248
- ☐ confirm ... 52
- ☐ consider ... 156
- ☐ consist of ... 130
- ☐ consumption tax ... 134
- ☐ contain ... 150
- ☐ coronavirus pandemic ... 260
- ☐ coroner ... 192
- ☐ cover ... 44
- ☐ crash(=car accident) ... 268
- ☐ create new concerns ... 258
- ☐ cremate ... 216
- ☐ (crewed) spaceflight ... 176
- ☐ Crown Prince Akishino ... 84
- ☐ crude oil futures ... 140
- ☐ (crude) oil price ... 140
- ☐ cryptocurrency ... 166
- ☐ cut into ... 112
- ☐ cut ties ... 28

D

- ☐ daughter ... 268
- ☐ dealing ... 178
- ☐ death toll ... 254
- ☐ decade ... 246
- ☐ decide ... 260
- ☐ declare an end to ... 32
- ☐ declare complete victory ... 32
- ☐ declare victory ... 82
- ☐ decrease (=fall) by _ ... 228
- ☐ delays in shipments ... 182
- ☐ demand ... 140
- ☐ demand (人) to V ... 20
- ☐ Democratic candidate ... 82
- ☐ departure tax ... 124
- ☐ despite concerns over ... 134

- [ ] detect 220
- [ ] determination 52
- [ ] die by suicide 236
- [ ] die from 254
- [ ] Diet 42
- [ ] dignitary 68
- [ ] diplomat 20
- [ ] diplomatic and trade ties 28
- [ ] direct and definitive evidence 220
- [ ] disposable 72
- [ ] divide 82
- [ ] divide the two Koreas 64
- [ ] divorce 172
- [ ] DMZ (demilitarized zone) 64
- [ ] domestic transmission 244
- [ ] dozens 234
- [ ] drastic decline 148
- [ ] driver's license 208
- [ ] dropping 250
- [ ] dry up 140
- [ ] dubbed 178
- [ ] due to concerns over 260
- [ ] due to health reasons 76
- [ ] Duke of Edinburgh 88

E

- [ ] ease the symptoms 262
- [ ] economy 158
- [ ] effective on 72
- [ ] eldest daughter 84
- [ ] elect 58
- [ ] embassy 30
- [ ] Emperor 56,68
- [ ] Emperor Naruhito 94
- [ ] end 46,146
- [ ] end one's marriage 172
- [ ] end one's _year-long history 252
- [ ] enter into (a) recession 150
- [ ] enter university 214
- [ ] EPA(=economic partnership agreement) 44
- [ ] epidemic 264
- [ ] estimate A $_ 154
- [ ] execute (execution) 216
- [ ] exhibit 120
- [ ] existing two-child policy 90
- [ ] exit 146
- [ ] expel 20
- [ ] expire 48
- [ ] expose 178
- [ ] extend 36
- [ ] extinction rate 232

F

- [ ] fake 106
- [ ] fall to 114,140
- [ ] fetch 136
- [ ] fetch $_ at (an) auction 130,176

- [ ] fetch (=sell for) $_ 144,170
- [ ] fight against 264
- [ ] financial document 178
- [ ] find a solution 52
- [ ] fire 240
- [ ] fiscal year 168
- [ ] focused on 70
- [ ] Food and Drug Administration 262
- [ ] food-related theme park 18
- [ ] (for the) first time on record 218
- [ ] foreign minister 14
- [ ] form a (political) party 22
- [ ] formally 56
- [ ] formally withdraw from 126
- [ ] former 268
- [ ] former boss of Nissan 226
- [ ] former college classmate 84
- [ ] former executives 238
- [ ] founder 176,180
- [ ] free of charge 80
- [ ] French fries 182
- [ ] from abroad 260
- [ ] from overseas 182
- [ ] fueled by 108
- [ ] Fukushima Daiichi Nuclear Plant 238
- [ ] futuristic 102

G

- [ ] gain an overwhelming endorsement 74
- [ ] gain complete control of 32
- [ ] gaming addiction 212
- [ ] gasoline(-only) car 156
- [ ] gear up 112
- [ ] German Chancellor 48
- [ ] get engaged to 26
- [ ] get vaccinated 264
- [ ] get _ years (=be sentenced to _ years in prison) 268
- [ ] glassed-in 102
- [ ] go (=become) extinct 232
- [ ] go to jail 264
- [ ] government aid 46
- [ ] graduate from 214
- [ ] grandson 26
- [ ] grant bail 226
- [ ] grant (give) citizenship to 198
- [ ] gross domestic product 162
- [ ] gubernatorial election 74

H

- [ ] handling of 74
- [ ] hard-to-treat cancerous cells 194
- [ ] have a gambling addiction 196
- [ ] head of state 58

- [ ] heatwave 218
- [ ] heinous crime 216
- [ ] Heisei Era 228
- [ ] hiatus 126
- [ ] hide (→ hid → hidden) 246
- [ ] highly-caffeinated drink 192
- [ ] highly classified information 14
- [ ] history of travel 244
- [ ] hit the market 152
- [ ] hitter 266
- [ ] hold talks 52,60
- [ ] human influence 232
- [ ] humanoid 198

I

- [ ] Imperial Palace 94
- [ ] import of Japanese-made goods 66
- [ ] in retaliation for 20
- [ ] incumbent 36
- [ ] indoor stadium 190
- [ ] informant 62
- [ ] intend to 262
- [ ] internal investigation 222
- [ ] International Classification of Diseases (=ICD) 212
- [ ] International Olympic Committee 260
- [ ] International Tourist Tax 124
- [ ] International Whaling Commission 126
- [ ] internet behemoth 138
- [ ] Internet shopping giant 122
- [ ] introduce 72
- [ ] investment fund 146
- [ ] involve everyone 242
- [ ] IQ (=intelligence quotient) 214
- [ ] Islamic State (= IS) 14,32
- [ ] issue 208
- [ ] IWC (=International Whaling Commission) 50

J

- [ ] jail 264
- [ ] jewel 246
- [ ] jewelry 120
- [ ] jobless (unemployment) rate 114
- [ ] jointly 248

K

- [ ] kick off 24
- [ ] kick off talks 38
- [ ] kill oneself 236
- [ ] Korean Peninsula 40

L

- [ ] labor force survey 114
- [ ] law firm 16

- [ ] LDP (=Liberal Democratic Party) ... 78,92
- [ ] leadership vote ... 92
- [ ] leak from ... 178
- [ ] leave the country ... 124
- [ ] leave(=withdraw from) ... 50
- [ ] legal age ... 42
- [ ] levy ... 124
- [ ] liberal lawyer ... 58
- [ ] lift ... 166
- [ ] lift a ban ... 208
- [ ] list A as B ... 212
- [ ] live on TV (=television) ... 86
- [ ] log (=record) ¥_ ... 148
- [ ] long-delayed marriage ... 84
- [ ] longest-serving ... 76
- [ ] lower (the) age of adulthood ... 42
- [ ] lowest-ever level ... 140
- [ ] luxury face shield ... 152
- [ ] luxury vehicle ... 102

M

- [ ] Major League Baseball ... 266
- [ ] make a tender offer ... 132
- [ ] make one's first public appearance ... 198
- [ ] make (one's) first visit to ... 24
- [ ] mandatory ... 72
- [ ] mark ... 94
- [ ] mark highest close ... 108
- [ ] mark the _th anniversary ... 250
- [ ] market capitalization ... 104
- [ ] married couple ... 90
- [ ] measure ... 72
- [ ] mental health disorder ... 212
- [ ] merge ... 138
- [ ] mid-_s ... 156
- [ ] mild cognitive impairment ... 262
- [ ] military force ... 70
- [ ] Ministry of Health, Labour and Welfare ... 196
- [ ] Ministry of Internal Affairs and Communications ... 114,228
- [ ] mobile carrier ... 112
- [ ] monogram ... 152
- [ ] moon-landing ... 128
- [ ] move closer to ... 116

N

- [ ] name of new era ... 56
- [ ] named ... 198
- [ ] NASA ... 270
- [ ] National People's Congress ... 34
- [ ] nearly ... 150
- [ ] negative growth ... 162
- [ ] negligence ... 268
- [ ] net earning ... 116
- [ ] net profit ... 168
- [ ] Nikkei (Average) ... 164
- [ ] Nikkei (Stock) Average ... 108

- ☐ nuclear weapons ... 242

O

- ☐ ODA(=Official Development Assistance) ... 46
- ☐ ~ of all time ... 256
- ☐ offer (=provide) vaccination ... 80
- ☐ official ceremonies ... 94
- ☐ officially create (=launch) ... 70
- ☐ offshore company ... 178
- ☐ older half-brother ... 62
- ☐ oligopoly ... 112
- ☐ on the suspicion of ... 206
- ☐ one (= a) third ... 228
- ☐ one third ... 44
- ☐ online auction ... 144
- ☐ online fashion retailer ... 132
- ☐ online retail giant ... 104
- ☐ operate ... 238
- ☐ operating loss ... 148
- ☐ operator ... 138
- ☐ original site ... 18
- ☐ outer atmosphere ... 270
- ☐ over (a) short time (= in a short space of time) ... 192
- ☐ over the past year ... 166
- ☐ overtake ... 158

P

- ☐ paid holidays ... 202
- ☐ Pandora Papers ... 178
- ☐ pass a constitutional amendment ... 34
- ☐ pass an amendment to the Civil Code ... 42
- ☐ passenger demand ... 148
- ☐ Peace Park ... 242
- ☐ Person of the Year ... 180
- ☐ philanthropist ... 172
- ☐ pick (=name) A as B ... 180
- ☐ plant species ... 232
- ☐ plastic shopping bag ... 72
- ☐ pledge ... 40
- ☐ pledge ... 60,82
- ☐ PM (=prime minister) ... 76,78,92
- ☐ polar regions ... 220
- ☐ police box ... 206
- ☐ (police) officer ... 206
- ☐ politicians ... 178
- ☐ Pope (Francis) ... 242
- ☐ post ... 116,168
- ☐ postponement cost ... 154
- ☐ preferential treatment ... 66
- ☐ President-elect ... 86
- ☐ presidential election ... 36,58,92
- ☐ previously forecast ... 158
- ☐ price hike ... 166

- [ ] Prince Philip 88
- [ ] Princess Aiko 94
- [ ] Princess Mako 84
- [ ] proclaim one's enthronement 68
- [ ] protect the environment 72
- [ ] provide A to B 14
- [ ] provide A with B 46
- [ ] put ~ on course to V 92
- [ ] python 210

Q

- [ ] quarterly loss 148
- [ ] Queen Elizabeth II 88

R

- [ ] rack up 122
- [ ] raise(=increase) 134
- [ ] rare 130,204
- [ ] rate 202
- [ ] reach 270
- [ ] reach a basic merger agreement 138
- [ ] rebound sharply 164
- [ ] receive (=take) a vaccine 86
- [ ] recognize A as B 30
- [ ] record 136,144,168,170
- [ ] redevelop 18
- [ ] reduce greenhouse gas emissions 156
- [ ] reelection 36
- [ ] regardless of nationality 124
- [ ] release 152
- [ ] relocate 30
- [ ] relocation 18
- [ ] remain unchanged 42
- [ ] remove A from B 66
- [ ] repeat past mistakes 242
- [ ] report 62,154
- [ ] reputed to be 106
- [ ] requirements 66
- [ ] resume 50,126
- [ ] retailer 72
- [ ] retreat 38
- [ ] reveal(=announce) 56,174
- [ ] reveal secret info 14
- [ ] revision 212
- [ ] right after 190
- [ ] Riken 248
- [ ] rise _fold 110
- [ ] road rage 224
- [ ] royal family 26
- [ ] ruling 92
- [ ] runoff vote 58

S

- [ ] sanctions bill 20
- [ ] Sea of Japan 136
- [ ] season's first auction 136
- [ ] second quarter 116

- ☐ secondary school ... 214
- ☐ secret wealth ... 178
- ☐ seek to ... 82
- ☐ selectively kill ... 194
- ☐ sell for $_ at auction (=be auctioned off for $_) ... 128
- ☐ sell for $_ ... 176
- ☐ sell off ... 146
- ☐ sentence (人) to _ years in prison ... 224
- ☐ set a new record ... 122
- ☐ set a new world record ... 130
- ☐ set bail at _ yen ... 226
- ☐ set sail ... 126
- ☐ severed head ... 200
- ☐ share(=stock) ... 104
- ☐ shatter the record ... 170
- ☐ shift from ... 90
- ☐ shoot ~ to death ... 206
- ☐ shrink ... 162
- ☐ Shuri Castle ... 240
- ☐ sign ... 44
- ☐ sign a joint statement ... 40
- ☐ signature ... 152
- ☐ significant misconduct ... 222
- ☐ Singles Day ... 122
- ☐ sitting ... 64
- ☐ skyrocket ... 166
- ☐ slow the progression (of the disease) ... 262

- ☐ smuggle ... 120
- ☐ snap election ... 22
- ☐ sneakers ... 144,170
- ☐ snow crab ... 136
- ☐ snowfall ... 204
- ☐ so called ... 102
- ☐ so-called ... 66
- ☐ so far ... 130
- ☐ soccer legend ... 256
- ☐ solar corona ... 270
- ☐ spacecraft ... 270
- ☐ spectator(s) ... 260
- ☐ spread of the coronavirus ... 150
- ☐ staggering ... 128
- ☐ state ... 242
- ☐ state-backed ... 248
- ☐ statement ... 172
- ☐ step down ... 48,76,160
- ☐ step inside (=set foot in) ... 64
- ☐ _-story ... 102
- ☐ strong corporate earnings ... 108
- ☐ struggle ... 150
- ☐ stud ... 152
- ☐ succeed ... 78
- ☐ suffer ... 218
- ☐ suffer a cardiac arrest ... 256
- ☐ suicide bombing ... 190
- ☐ summer holidays ... 214
- ☐ supercomputer ... 248
- ☐ superior ... 206

- [ ] surface ... 220
- [ ] surpass ... 110,166,254
- [ ] survey ... 196,202
- [ ] suspected ... 190,234
- [ ] swallow ~ whole ... 210
- [ ] Swiss Franc ... 106

T

- [ ] take on ... 138
- [ ] tally ... 258
- [ ] technology behemoth ... 160
- [ ] televised address ... 264
- [ ] temporarily suspend ... 182
- [ ] term ... 48
- [ ] territorial dispute ... 52
- [ ] territory ... 118
- [ ] _th in line to the British throne ... 26
- [ ] (the) latest version ... 118
- [ ] (the) mercury ... 218
- [ ] through cooperation, trust, dialogue and prayer ... 242
- [ ] Time Magazine ... 180
- [ ] Tokyo (District) Court ... 226,238
- [ ] Tokyo Electric Power Company ... 238
- [ ] Tokyo Governor (=Gov.) ... 18,74
- [ ] Tokyo Olympic Committee ... 260
- [ ] Tokyo Olympics organizers ... 154
- [ ] Tokyo subway sarin attack ... 216
- [ ] Tomei Expressway ... 224
- [ ] top ... 104,164,258
- [ ] top bureaucrat ... 268
- [ ] top the $_ mark ... 166
- [ ] tourist attraction ... 102
- [ ] treasure ... 246
- [ ] treasure chest ... 246
- [ ] trillion ... 168
- [ ] trillion-dollar-company ... 116
- [ ] Tsukiji (wholesale) market ... 18
- [ ] turn negative ... 140
- [ ] turn out to be ... 106
- [ ] turn _ (years old) ... 94
- [ ] TV show ... 174
- [ ] two days of talks ... 38
- [ ] two-way player ... 266

U

- [ ] UK-based ... 158
- [ ] UN Security Council ... 28
- [ ] underreport ... 222
- [ ] undisclosed ... 120
- [ ] (UNESCO) World Heritage site ... 240
- [ ] unify ... 82
- [ ] unprecedented ... 218
- [ ] up to ... 90,232
- [ ] urge(=call on) ... 28
- [ ] US Congress ... 20
- [ ] US Space Force ... 70

V

- [ ] value 110
- [ ] vanish 210
- [ ] vending machine 102
- [ ] vice president 238
- [ ] virus mutation(s) 258
- [ ] visa-free entry 118
- [ ] Vladivostok 60
- [ ] voter(s) 74
- [ ] vow 22

W

- [ ] Wall Street Journal 62
- [ ] war against 32
- [ ] warfare in space 70
- [ ] water ice 220
- [ ] wear (→ wore → worn) ... 170
- [ ] whaling vessel 126
- [ ] while 174
- [ ] WHO (World Health Organization) 212, 236
- [ ] win a landslide victory .. 36
- [ ] win a second term 74
- [ ] win by a wide margin 36
- [ ] Windsor Castle 88
- [ ] within striking distance of ... 116
- [ ] wobbly economy 134
- [ ] work towards 40
- [ ] worker 202
- [ ] world leaders 178
- [ ] world's third-largest economy 162
- [ ] worth $_ 246

Y

- [ ] _-year sentence 224
- [ ] Yokohama District Court . 224
- [ ] yuan 122

Z

- [ ] zika virus 194

祥伝社黄金文庫

1日1分！英字新聞　政治・経済・社会編

令和7年4月20日　初版第1刷発行

著者　石田　健
発行者　辻　浩明
発行所　祥伝社

〒101-8701
東京都千代田区神田神保町3-3
電話　03（3265）2084（編集）
電話　03（3265）2081（販売）
電話　03（3265）3622（製作）
www.shodensha.co.jp

印刷所　堀内印刷
製本所　ナショナル製本

本書の無断複写は著作権法上での例外を除き禁じられています。また、代行業者など購入者以外の第三者による電子データ化及び電子書籍化は、たとえ個人や家庭内での利用でも著作権法違反です。
造本には十分注意しておりますが、万一、落丁・乱丁などの不良品がありましたら、「製作」あてにお送り下さい。送料小社負担にてお取り替えいたします。ただし、古書店で購入されたものについてはお取り替え出来ません。

Printed in Japan　ⓒ 2025, Ken Ishida　ISBN978-4-396-31853-6 C0182

音声ダウンロードについて

英文が無料で聴けます

1. 本書の英文記事は、下記サイトからダウンロードできます。
   www.shodensha.co.jp （祥伝社のサイトです）
2. サイトの左下に「音声ダウンロード」という小さなバナーがあります。
3. そこをクリックしていただくと、本書のページが出てきます。
4. そこから音声ファイルをダウンロードしてください。

アプリについて

スマートフォンのアプリから全ての英文を無料で聞くことができます。
また、有料コンテンツとして本書の内容をアプリから読むこともできます。
現在、abceedと堀内印刷の2社がアプリを提供しています。

abceed

1. QRコード読み取りアプリを起動し、下のQRコードを読み取ってください。QRコードが読み取れない方はブラウザから、https://www.abceed.com/ にアクセスしてください。
2. 「石田健」で検索してください。
3. 石田健先生の著作リストが出てきます。その中に本書もありますので、音声をダウンロードしてください。有料のコンテンツもあります。

堀内印刷

- ご利用いただく際はAppStoreまたはGoogle Playストアで「1日1分 英字新聞」と検索し、アプリをインストールしてください。
※ 本アプリは2025年7月頃にリリース予定です。

〈ご注意〉
・ 音声ファイルの無料ダウンロードサービスは、予告なく中止される場合がございますので、ご了承ください。
・ アプリへのお問い合わせはそれぞれの会社にお願いします。
・ このページの情報は2025年4月現在のものです。

1日1分！英字新聞

石田健の大人気シリーズ！
2022〜2025年版
好評発売中！

シリーズ累計
67万部突破

世界の政治経済から、科学、スポーツ、エンタメまで、
豊富な英語ニュースを120本収録。
楽しく読むだけで、最新の時事英語がきちんと身につく。

祥伝社黄金文庫